MANUEL PRATIQUE DE LITHOTHÉRAPIE

Extraits du catalogue Jouvence

Et si vous étiez allergique ?, Élizabeth Sambian-Noël, 2003
La balance émotionnelle, Mireille Rosselet-Capt, 2003
Les succès de la magnétothérapie, J.-Fr. Olivier & M. Lacroix, 2003
Libérer l'énergie de l'argent, Maria Nemeth, 2002
Soleil vital, Damien Downing & Jean Celle, 2002
Jin Shin Jyutsu, Alice Burmeister & Tom Monte, 2002
Minéraux et oligo-éléments colloïdaux, M.-Fr. Muller, 2002
L'équilibre glycémique, Jacques Fontaine, 2002
J'ai mal partout, Philippe-Gaston Besson, 2001
Stretching préventif et curatif, Mylène Schenk, 2001
Que ton corps soit ton guide, D. Bernascon & G. Fabre, 2001
Arthroses, arthrites et rhumatismes, Christian Brun, 2000
Le Dien' Cham', Marie-France Muller & Nhuan Le Quang, 2000
Le massage assis, Tony Neuman, 1999
Le cholestérol... exactement !, Christian Brun, 1999
Le diabète... exactement !, Christian Brun, 1999
La voix qui guérit, Philippe Barraqué, 1999
La kinésiologie, art du test musculaire, D. & V. Bernascon, 1998
La bible anti-âge, D. Rueff & M. Nahon, 1998
Hormones végétales naturelles, D. & M. Nahon, 1997
L'hydrothérapie du côlon, Josiane Mignot, 1997
Le corps connaît la solution, Jean-Pierre Bourguet, 1997
Encyclopédie des points qui guérissent, Roger Dalet, 1996
Les bains dérivatifs, France Guillain, 1995
Je me sens mal, mais je ne sais pas pourquoi !, Ph.-G. Besson, 1994
Les réseaux géobiologiques, G. Fleck & J.-P. Garel, 1992
Transformez votre stress en vitalité, Mantak Chia, 1990

Catalogue gratuit sur simple demande
ÉDITIONS JOUVENCE
France : BP 7 – 74161 St-Julien en Genevois Cedex
Suisse : CP 184 – 1233 Genève-Bernex
Site internet : **www.editions-jouvence.com**
E-mail : info@editions-jouvence.com

Mise en page : Editions Jouvence • Couverture : Dynamic 19, Thonon (France)

ISBN 2-88353-352-0

Christian Valentin

MANUEL PRATIQUE DE LITHOTHÉRAPIE

jouvence
EDITIONS

SOMMAIRE

PRÉAMBULE

Il ne s'agit pas de faire une liste de toutes les pierres utilisées en lithothérapie, mais de faire part de l'expérience *in vivo* de l'utilisation d'un peu plus de 50 pierres. La quasi-totalité des ouvrages qui traitent de lithothérapie liste des pierres et des propriétés. Ces livres sont d'une utilité indéniable et il est normal, vu le grand nombre d'ouvrages parus, que l'on y trouve des contradictions. Mon propos n'est pas de refaire en moins bien ce que d'autres font si bien. Cet ouvrage est un ouvrage de réflexion sur les minéraux et est destiné à donner des moyens pratiques d'utilisation des minéraux. Basé sur ma façon d'utiliser un certain nombre de minéraux soit seuls, soit en relation avec d'autres pierres ou d'autres moyens, ce manuel pratique vous permettra de découvrir en famille l'univers secret des minéraux et de leurs vertus. Les deux clefs qui vous permettront d'y entrer et d'y progresser s'appellent : ressenti sans *a priori* et modestie.

Je profite de l'occasion qui m'est donnée pour remercier ici (par ordre d'apparition dans mon parcours) ceux qui, par leurs conseils et/ou leurs écrits (voir bibliographie en fin d'ouvrage), m'ont permis d'avancer et de comprendre que plus on avance dans la recherche, moins on sait et plus on est prêt à apprendre :

Dr Jean-Marie Paffenhoff et Pierre Mentez, Reynald Boschiero, Charles Raphaël Payeur, Tosca Tetteroo, Katrina Raphaell, Michael Gienger, J.-M. Garnier, Arlette Kauffmann, Pr Roger Le Lann, le chaman indien Luc Bourgault.

DE L'ORIGINE DE L'UNIVERS

Avant de commencer l'étude des minéraux, il faut se rappeler d'où ils viennent et depuis combien de temps. Cet aperçu rapide, et ô combien incomplet, permet de replacer l'homme à sa véritable place dans l'univers :

Une poussière éphémère à durée de vie individuelle de quelques dizaines d'années, qui apparaît dans un maelström cosmique qui évolue depuis des milliards d'années, et qui, de plus en plus fier de son non-savoir, prétend tout expliquer et tout savoir.

Bien mieux encore : le scientifique moderne, homo *scientificus* (pourquoi pas ?), se basant sur ses connaissances toutes neuves d'une cinquantaine d'années, refuse de reconnaître et même d'étudier (ce qui est bien plus grave) les connaissances et le savoir de ses propres ancêtres.

LA SOUPE PRIMORDIALE

À l'origine du monde, c'était la soupe cosmique primordiale. Cette soupe cosmique primordiale ne peut pas vraiment être définie. C'était RIEN, sauf que RIEN c'est encore quelque chose de comparable. Mais comment comparer ou avoir la notion du rien, si rien n'existe ni n'a jamais existé ?

Pour simplifier et rester dans des notions actuelles, cette soupe primordiale correspondait à des ions en suspension. De quand date cette soupe primordiale ? C'est inexprimable, dans la mesure où le temps n'existait pas encore. Pour que le temps existe, il faut un commencement, un événement quelconque, par rapport auquel on peut mesurer le temps.

LE BIG BANG

Donc, rien n'existe, sauf cette soupe primordiale pratiquement indéfinissable... jusqu'au moment du BIG BANG, cette explosion qui est à l'origine de tout. Nous voilà enfin dans... le temps ! Ce BIG BANG date de **13,5 à 14 milliards** d'années. Et c'est le début du temps, le début des lois physiques que nous connaissons telles que la gravitation, l'attraction et la répulsion, etc. Ce sont les lois fondamentales qui régissent l'univers dans le macrocosme comme dans le microcosme. Et pendant quelques milliards d'années, ce BIG BANG entraîne la création de soleils, de milliards d'étoiles, de milliards de planètes, etc.

LA TERRE

Il y a **4 milliards d'années** apparaît une petite protoplanète de 2400 km de rayon (actuellement 6400 km), la TERRE, encore physiquement totalement inorganisée. Des masses en fusion, le mélange entre le minéral et les états gazeux. On pense que cette protoplanète a percuté une comète de glace, ce qui a amené l'eau sur terre. Cette eau est à l'origine des océans, donc des protocontinents **(2,6 milliards d'années**), puis des continents. Tout commence à se mettre en place dans un déséquilibre permanent, c'est-à-dire allant d'un équilibre fragile à un autre équilibre fragile.

Une remarque : peut-on vraiment dire que nous avons atteint en **1 milliard d'années** un véritable équilibre, alors que les plaques tectoniques ont seulement commencé à se déplacer il y a **140 millions d'années**, c'est-à-dire hier ? Aujourd'hui encore, elles n'arrêtent pas de dériver.

Sautons allègrement quelques millions d'années, dépassons l'arrivée des végétaux et de la photosynthèse, ainsi que l'apparition de la première cellule animale monocellulaire et arrivons enfin à notre ancêtre commun : le trilobite, il y a **800 millions d'années.**

Faisons un autre saut dans le temps de quelques 700 millions d'années pour arriver à la disparition des dinosaures, il y a **65 millions d'années**. Restent les animaux à sang chaud.

Apparition de nos premiers ancêtres : les préhominidés, il y a **8 à 12 millions d'années**, qui vivent encore à quatre pattes.

L'HOMME

Il existe de multiples caractéristiques principales qui distinguent l'homme de l'animal. Il en est une qui met pratiquement tous les scientifiques d'accord (ce qui est rare) : l'homme marche sur deux pattes et a un langage articulé. Ces conditions sont des conditions nécessaires, sans quoi il n'y aurait pas de notion d'homme, mais elles ne sont pas suffisantes. Il y a d'autres caractéristiques indispensables.

Mais revenons à nos deux indices de base, la marche et le langage et comment on peut expliquer leur origine.

Les vents poussent les nuages qui se déversent au contact des montagnes. Une face reçoit donc plus d'eau que l'autre, et voit se développer la végétation arboricole pendant que l'autre face conserve une végétation de savane. D'un côté des primates préhominidés qui grimpent aux arbres, de l'autre côté des primates préhominidés qui ne grimpent, pas mais qui sont obligés de se redresser de plus en plus pour voir au-delà des herbes pour se protéger des dangers de la savane.

La station debout de **l'australopithèque** créa un vrai bouleversement : déblocage du bassin (le singe avance en pivotant son bassin), dégagement du pharynx, ce qui va lui permettre de transformer ses cris en paroles articulées, il y a **8 à 10 millions d'années**.

Ne pouvant plus se réfugier dans les arbres, l'australopithèque se réfugie dans les cavernes.

Puis viennent les premiers outils, il y a **3 millions d'années :** ces premiers outils sont des branches cassées et des cailloux. Très vite, on utilise les arêtes coupantes. La fonction du caillou évolue : on s'en sert tout d'abord pour lancer et broyer, puis pour scier et couper. Et on apprend à façonner les pierres par frappes successives sur les arêtes, pour en faire des haches, des poignards, etc.

C'est le premier véritable processus d'échange entre le mode minéral et le monde animal. Puis on utilisera le métal tiré de la roche par fusion, en liaison avec le feu.

De nos jours, on continue à utiliser, pour les inventions de très haute technologie, les minéraux et leurs dérivés : le métal, issu des minéraux (pour les robots par exemple), le pétrole (huile roche), le quartz (montres à quartz, circuits intégrés, lasers de haute précision, etc.).

Quelques dates : la période de la pierre polie, il y a **–5000 ans,** y compris les premiers mégalithes, et **–2600 ans** pour les pyramides !

On vient brusquement de changer d'échelle : on remplace la notion de millions d'années par la notion de milliers d'années.

Voyons encore quelques dates à travers le monde.

D'un côté, si l'on peut dire, les mégalithes qui datent de la même époque que la pierre polie, il y a **–5000 ans.** De l'autre côté, à peine plus tard (il y a –4000 ans), apparaît la civilisation égyptienne, qui ne met que 40 ans à atteindre un faste extraordinaire.

Khéops, Kefren et Mykérinos, démontrant un savoir et un ressenti extraordinaires, datent de **–2600 ans,** alors que les Celtes n'apparaissent qu'en l'an **400** !

Trois mille ans les séparent ainsi qu'un fossé de connaissances de tous ordres : architecture, astronomie, mathématiques, médecine, etc. Mais ils se rejoignent notamment sur un point : l'utilisation d'une part des minéraux (pour se soigner), et d'autre part des ondes de forme pour se protéger. Deux exemples rapides :

- ☐ Pour ce qui concerne l'usage des minéraux : d'un côté, les pierres levées et les pierres à cupules qui recueillent l'eau de pluie pour un usage religieux et médical (souvent mélangés) et, de l'autre côté, les minéraux réduits en poudre comme le lapis, la pierre de Pharaon, pour soigner la vue.

- Pour ce qui concerne les ondes de formes : d'un côté, le Triskel, qui augmente l'énergie vibratoire, de l'autre côté, la barre de Louqsor pour harmoniser les lieux où se trouvaient Pharaon et les grands prêtres, lorsqu'ils étaient en dehors de leurs appartements.

LES MINÉRAUX

INTRODUCTION

Les minéraux font partie intégrante de notre univers et nous y ont largement précédés. En fait, il faudrait dire que ce sont les règnes animal et végétal qui se sont intégrés dans un univers où dominait le minéral.

L'homme de tout temps a utilisé les minéraux en faisant confiance à son ressenti. Mais voilà le grand mot lancé : le ressenti. Mot honni par les scientifiques qui ne peuvent pas accepter ce qui n'est pas mesurable, pas démontrable par leurs techniques et connaissances actuelles.

Un sage qui vivait de culture sur une île volcanique de l'océan Indien et qui était donc en contact permanent avec l'air, la terre, l'eau et le feu, me dit un jour où nous échangions des idées : « Tu sais, l'homme devient de plus en plus citadin. Il vit dans des maisons de plus en plus hautes. Et plus il vit loin de la terre, plus il se ferme à ses propres sens. À force de ne plus rien ressentir, il veut pouvoir tout démontrer pour compenser. »

L'ÉNERGIE VIBRATOIRE

Introduction

Toute matière est énergie. Voilà au moins une théorie scientifiquement irréfutable. La matière, quelle qu'elle soit, est formée d'atomes qui eux-mêmes sont formés d'un noyau et de particules d'énergies qui tournent autour du noyau : les ions, les anions, les cations, etc. Entre le noyau dit de matière et les particules d'énergie qui gravitent autour, il y a une distance considérable. Si le noyau était une sphère de 1 m de diamètre, les particules d'énergie se trouveraient sur une orbite de 10 km!

On sait même, depuis quelques années, que le noyau lui-même n'est qu'énergie. Il n'y a donc pas de matière telle qu'on le disait encore il y a 10 ou 20 ans. Il est vrai que c'était… au siècle dernier!

Si toute matière est énergie, donc vibrations, le corps humain et nos cellules n'échappent pas à cette règle. Nous ressentons sans problème un certain nombre d'énergies, sans contestation de la part des scientifiques (parce qu'eux aussi les ressentent) : je pense notamment à l'énergie solaire. Pourquoi ne pas admettre que certains hommes (et sans doute presque tous les hommes du temps où ils «ressentaient» encore la nature), peuvent, aujourd'hui encore, ressentir certaines énergies dites subtiles, émises par les minéraux ? Peut-être ces hommes ont-ils des capteurs plus sensibles ou plus éduqués que les autres hommes ? On s'aperçoit en effet que plus on travaille sur ces énergies dites subtiles, plus on a du ressenti. À moins, diront les scientifiques, que l'on ne s'imagine les ressentir ? C'est une possibilité à ne pas exclure. C'est même la hantise de tous ceux qui développent cette perception qui ne demanderaient pas mieux, pour être rassurés, que de pouvoir utiliser un appareil avec cadran, aiguille, lampes clignotantes, etc. pour avoir une preuve «cartésienne». Un exemple non ésotérique de l'influence des vibrations sur le corps humain : les UV du soleil, que nous ne percevons pas par notre vue et qui sont des vibrations (une chance pour nous, elles sont mesurables scientifiquement). Ces vibrations sont captées par le corps et transformées en calcium.

Les derniers prix Nobel ont démontré l'existence d'une vibration cellulaire. Il est donc tout à fait envisageable de penser que le fait de soumettre les cellules à une certaine vibration crée une réaction dans notre organisme qui peut donc agir sur cette vibration cellulaire et, en quelque sorte, rétablir l'équilibre fragile que l'on peut appeler la santé.

Les hommes ont donc toujours utilisé les minéraux. On a vu qu'ils se protégeaient dans les cavernes, les utilisaient comme outils et comme armes. Les pierres ont très vite été utilisées pour marquer le territoire (ce sont des traces ineffaçables et difficilement déplaçables), mais aussi pour célébrer certaines formes de culte.

Exemples d'utilisation des minéraux

Quelques cas rapides à travers les siècles et les civilisations :

- En **Égypte** ancienne, le lapis-lazuli était appelé « la pierre de pharaon ». Elle lui était exclusivement réservée. Ses yeux étaient entourés (aujourd'hui, on dirait maquillés) avec un onguent fait de graisse et de lapis-lazuli pulvérisé. Ses lieux d'ablution étaient tapissés de lapis-lazuli. Et les hiéroglyphes nous apprennent que le pharaon était réputé pour avoir la vue la plus perçante ! Le peuple, lui, utilisait la malachite broyée et mélangée à de la graisse pour se protéger les yeux de la cataracte. Et c'est la même malachite, et sans doute le même onguent qu'ils utilisaient comme baume anti-douleur.
- En **Chine**, il y a déjà 6000 ans, on profitait de la vibration du jade néphrite pour soigner les problèmes dus au système urinaire, en fabriquant des élixirs à partir du jade. Une pierre était portée en permanence aussi près que possible de l'endroit douloureux, une autre était mise dans un verre d'eau au soleil. Le soir, la personne buvait la moitié de l'eau et avec l'autre moitié se faisait une compresse.
- En **Europe**, le pape lui-même, autrefois, envoyait à chaque nouveau roi de la chrétienté une parure de bijoux correspondant à la personnalité du roi et de son intuition (aujourd'hui on dirait de ses flashes) avec une lettre explicative pour donner le mode d'emploi de ces bijoux.

  Pourquoi croyez-vous que la bague épiscopale est une améthyste ? Aujourd'hui, lorsque l'on ose dire que l'améthyste est la pierre du 3e œil, qu'elle ouvre les canaux de la communication avec les autres, mais aussi avec les forces spirituelles, on se fait traiter de charlatan, si ce n'est pire.

LE QUARTZ, MÉMOIRE DU MONDE

Introduction

Le quartz est en fait plus une famille qu'un simple minéral. On distingue dans le quartz, le cristal de roche, le quartz rose, le quartz enfumé, l'aventurine, etc. Chaque variété a ses effets propres.

En lithothérapie, le quartz cristal est utilisé soit pour « doper » les autres pierres, soit pour travailler sur les chakras ou les corps énergétique et éthérique.

Les formes les plus courantes

L'onde de forme développée a toujours son importance en lithothérapie. Ainsi, une pierre roulée n'agira pas de la même façon qu'une aiguille qui, elle-même, aura une fonction différente si elle est brute ou polie, voire taillée. Chacun doit faire confiance à son ressenti pour savoir s'il préfère utiliser des aiguilles en brut ou polies. Voici les principales formes utilisées.

L'aiguille de quartz simple : une base vers une pointe

L'aiguille de quartz en brut laisse apparaître des stries horizontales qui sont des stries de croissance. Elle est simple ou double, c'est-à-dire 2, voire 3, aiguilles accolées. On parle alors de macles. Ce type d'aiguille émet de la base vers la pointe. Elle prend donc l'énergie par la base et émet par la pointe. C'est particulièrement important lorsque l'on travaille sur soi.

L'aiguille de quartz biterminée

C'est, en quelque sorte, une aiguille à deux pointes. Elle a donc poussé dans les deux sens. Il faut l'utiliser en sachant que la partie la plus large émet un rayon plus épais que la partie fine. Très utile dans le développement du chemin énergétique ou Kundalini ou pour le travail sur les chakras (voir plus loin).

L'aiguille macle biterminée

Il s'agit tout simplement du diamant dit de Herkimer (lieu d'extraction aux USA). Il en existe d'autres provenances. La valeur d'une pierre en lithothérapie ne dépend pas de son origine, mais de sa vibration propre.

L'aiguille de massage à base polie Très souvent utilisée pour réparer les plaies et trous dans le corps énergétique. Cela permet de gommer les irrégularités.

Mini-aiguilles

Je les recommande surtout dans deux cas :

- ☐ *Ancienne cicatrice à refermer énergétiquement*
  Placer les mini-aiguilles perpendiculairement à la cicatrice, tête bêche les unes par rapport aux autres, puis, par-dessus cette série de mini-aiguilles, une autre série mais dans le sens de la cicatrice, chaque base d'aiguille se trouvant sur la pointe de la précédente.
- ☐ *En géométrie cristalline périphérique*
  Il s'agit tout simplement de placer les mini-aiguilles tout autour de la personne à harmoniser. Le nombre d'aiguilles et le sens donné à celles-ci seront expliqués plus loin.

Quartz rutile

C'est un quartz avec, à l'intérieur, des « cheveux de Vénus », autrement dit des filaments (souvent de tourmaline). Très recommandé dans certains cas où il faut transmettre à chacun des chakras une petite connotation d'attachement à la terre, vers et par le chakra racine.

Cristal à fantômes

Il ne s'agit pas d'une entité qui serait enfermée à l'intérieur, mais d'un « fantôme de croissance » matérialisé par des lignes plus ou moins floues à l'intérieur du quartz. En travaillant avec un tel quartz, on peut constater que cette nébulosité intérieure évolue et que le quartz réagit : il vit.

La Druze

Il s'agit en fait d'un amas d'aiguilles de quartz. Cet amas est souvent utilisé, par erreur, dans un but de purification des pierres, alors qu'il ne devrait servir qu'au rechargement de celles-ci.

La géode

La géode la plus utilisée est la géode d'améthyste. À l'origine, la géode se présente comme un ballon plus ou moins ovale et complètement fermé. Pour l'ouvrir, on la casse à la masse ou on la découpe à la scie. Une géode sciée est très spectaculaire. Elle sert à dynamiser et à harmoniser, mais pas ou peu à purifier les minéraux. Pour une efficacité maximale (voir **Purification des minéraux**, p. 35) il faut qu'elle soit aussi fermée que possible et totalement tapissée de cristaux.

Les 5 volumes ou 5 solides de Platon

La pyramide trigonale

C'est une pyramide dont la base ainsi que les trois faces sont en forme de triangle équilatéral. C'est un volume très puissant, car c'est le symbole de la trinité utilisé dans de nombreuses religions, de l'unité dans cette trinité. L'équilibre parfait l'harmonie.

On l'utilisera donc sur le chakra du cœur en fin de séance de travail pour donner la touche finale et parfaire l'harmonie des chakras. Cela prolonge aussi l'effet de l'équilibrage des chakras pour les personnes sur lesquelles il est nécessaire d'intervenir plusieurs fois.

Précaution à prendre : orienter la pyramide, sa face Nord vers le Nord, afin d'éviter des surprises désagréables.

La double pyramide trigonale

Un outil particulièrement performant pour transférer le surplus d'énergie d'un chakra vers l'autre. **Attention :** c'est un outil particulièrement puissant à n'utiliser qu'avec modération quand les autres méthodes ont échoué. Mêmes précautions d'utilisation que ci-dessus.

Le Cube

Solide à 6 faces carrées. Le carré représente les 4 éléments et plus encore, l'équilibre entre ces 4 éléments. Cet équilibre évoque la sagesse vers laquelle on peut tendre en ce monde. C'est aussi la sagesse nécessaire et indispensable pour arriver à la connaissance, à la montée vers le spirituel.

Le cube est à utiliser en priorité sur le chakra racine en un premier stade pour s'imprégner de cette sagesse primaire, puis sur le 7e chakra ou coronal, pour accéder à une compréhension, une prise de distance, à un autre niveau et sur un autre plan.

Le Pentaèdre

Solide à base de pentagones, donc à 10 faces de 5 côtés.

Le 5 est le nombre de l'harmonie et de l'équilibre. C'est aussi le nombre de la grâce divine. Mais c'est aussi le chiffre de l'homme parfait (voir l'homme parfait de Léonard de Vinci). Le 5 se retrouve en permanence dans le corps humain : les 5 doigts de la main, les 5 sens, les 5 membres (avec la tête), les 5 os du crâne, etc.

Pour Hildegarde von Bingen, le nombre 5 est le symbole de l'homme, celui-ci se divisant, dans le sens de la longueur autant que dans celui de la largeur (bras écartés), en 5 parties égales, pouvant ainsi s'inscrire dans un carré parfait. Symbole de la volonté divine et symbole de la perfection chez les Mayas.

En application sur le 5e chakra, celui de la gorge, il facilitera l'expression orale, la créativité, la captation exacte des informations extérieures, mais surtout la communication avec les forces cosmo-telluriques. C'est le porte-parole des autres chakras dans l'harmonie et la perfection.

En application sur le 7e chakra, il permettra à la fois la montée vers le spirituel, mais aussi l'analyse du matériel.

L'Icosaèdre

Solide à 20 facettes en triangle équilatéral. La perfection absolue. Peut remplacer tous les autres cristaux, de toutes les formes possibles. On peut l'utiliser sur tous les chakras. Extraordinaire pour recentrer les chakras, pour méditer (sur le chakra du cœur). À utiliser avant tout travail, pour recentrer les corps énergétiques éthériques, etc. C'est l'outil parfait.

LA JÉRUSALEM CÉLESTE

L'apôtre saint Jean la décrit comme une cité qui descend du ciel (Apocalypse, XXI, 1-2). Elle symbolise le royaume des cieux à venir, mais aussi présent en chaque homme à l'état latent. Pour mieux appréhender sa signification et sa composition, on se reportera à la tradition de l'Église gnostique et apostolique (branche hermétique de l'Église syro-jacobite d'Antioche).

LES DOUZE FONDATIONS ET LEUR CORRESPONDANCE GÉOPHYSIQUE

1re fondation	
Jaspe	comme le chaos des origines
2e fondation	
Saphir	telle la profondeur des cieux
3e fondation	
Calcédoine	de la couleur de l'éclair et des fluides
4e fondation	
Émeraude	comme les étoiles neuves
5e fondation	
Sardonix	semblable aux couches de la terre
6e fondation	
Sardoine	telle la matière refroidie
7e fondation	
Chrysolite	où persiste le soleil fécond
8e fondation	
Béryl	qui a la transparence des eaux
9e fondation	
Topaze	qui a la transparence de l'air
10e fondation	
Chrysoprase	verte comme le feuillage au printemps
11e fondation	
Hyacinthe	de la couleur de la chair
12e fondation	
Améthyste	qui luit comme le jus de la vigne

LES DOUZE PIERRES ET LES SIGNES DU ZODIAQUE AVEC LEUR CORRESPONDANCE INITIATIQUE

Jaspe	
Bélier	éveil des valeurs profondes
Saphir	
Taureau	fidélité aux valeurs du moi véritable
Calcédoine	
Gémeaux	développement du moi par l'échange
Émeraude	
Cancer	maturation et croissance de la personnalité
Sardonyx	
Lion	rayonnement des valeurs profondes
Sardoine	
Vierge	éveil du rapport avec l'autre
Chrysolite	
Balance	purification de la dimension émotionnelle
Aigue-marine	
Scorpion	éveil aux valeurs de l'esprit
Topaze	
Sagittaire	incarnation des valeurs spirituelles
Chrysoprase	
Capricorne	rayonnement et connaissance de soi
Hyacinthe	
Verseau	transmutation de l'ego
Améthyste	
Poissons	transfiguration par le don de soi

RITUEL INITIATIQUE

Le rituel prôné pour la découverte d'une pierre ou la mise en symbiose avec cette pierre est le suivant :

- ☐ Inspirer et expirer tranquillement sept fois de suite, assis confortablement devant la pierre en veillant à maintenir la colonne vertébrale bien droite.
- ☐ Frotter les mains pour augmenter leur sensibilité et souffler légèrement dessus pour encore accroître cette sensibilité.
- ☐ Mettre les mains en conque au-dessus de la pierre.
- ☐ Fermer les yeux et bien visualiser la pierre dans le détail, forme, couleur, etc.
- ☐ Évoquer la qualité de la pierre que l'on cherche à ressentir (qualité thérapeutique physique ou psychique) jusqu'à ce que l'on sente une réaction au niveau des mains.
- ☐ Si cela ne « marche » pas, se contenter de ressentir la pierre dans sa globalité, et recommencer une autre fois. Le violoniste ou le peintre ne peut pas tirer la quintessence de son instrument ou de son outil sans s'exercer régulièrement, sans ressentir son instrument ou son outil qui devient alors son prolongement.
- ☐ Exercice à faire jusqu'à ce que l'on ait ainsi ressenti les principales qualités d'une pierre.
- ☐ Il suffira par la suite, lorsque l'on aura le sentiment que cette pierre peut servir pour une application non prévue, de refaire la même chose pour que la pierre « réponde ». Si vous ne sentez aucune réponse, c'est que votre intuition est erronée et que la pierre ne peut pas servir dans le cas que vous avez imaginé.

Un mélomane ne cesse de découvrir l'œuvre musicale à chaque fois qu'il l'écoute. Mettez-vous à l'écoute de la pierre. Plus vous l'écouterez, plus elle vous parlera.

PURIFICATION DES MINÉRAUX

Avant d'aborder le chapitre des utilisations des minéraux, il faut clarifier le débat sur la purification ou le nettoyage des minéraux. Vaste débat qui est devenu une vraie foire d'empoigne entre spécialistes (avérés ou autoproclamés). On se contente malheureusement trop souvent de redire ce qu'on a lu ou entendu sans avoir testé soi-même les différentes méthodes sur chaque pierre dont on parle si savamment par ailleurs.

POURQUOI PURIFIER LES MINÉRAUX ?

À partir du moment où l'on admet que la matière est vibration, il faut aussi admettre que ces vibrations émises vont entrer en résonance ou en dissonance avec les vibrations de matières de type différent. Donc, que les minéraux sont à la fois des émetteurs et des récepteurs. Ces vibrations ou ondes peuvent être compatibles avec notre équilibre vibratoire ou en contradiction avec celui-ci. La matière peut recevoir des ondes vibratoires, les emmagasiner et les restituer. Une preuve simple, techniquement admise : l'enregistrement des ondes sonores d'abord sur des cylindres de cire, puis sur des vinyles, puis sur des cédéroms.

Si les minéraux que nous désirons utiliser pour nous rééquilibrer ont emmagasiné des ondes perturbatrices, il faut donc les en débarrasser.

La purification des minéraux est rendue nécessaire par la pollution du champ électromagnétique de la pierre.

Il ne s'agit donc pas du tout de la pollution volontaire (ou programmation volontaire) avec intention de nuire. Une telle pollution s'imprègne dans le champ éthérique de la pierre et c'est donc ce champ éthérique qu'il faudra purifier. Ce type de purification est traité dans un chapitre à part.

Le cristal avec lequel on travaille ou la pierre dont on désire utiliser les propriétés doit être fondamentalement nettoyé pour éviter que l'énergie amplifiée qui nous sera ainsi transmise ne serve de vecteur porteur à une négativité dont on se passerait volontiers.

Les minéraux avec lesquels on travaille en lithothérapie doivent obligatoirement être purifiés après chaque travail. Ignorer cette règle relève de l'inconscience la plus dangereuse.

Après utilisation, il faut ranger les pierres en évitant que des pierres différentes entrent en contact les unes avec les autres. Pour cela, il faut les séparer et, si possible les envelopper dans un tissu non synthétique. Ce tissu de laine ou de coton peut être soit rouge (selon les traditions amérindiennes) soit blanc. Les deux se justifient :

- ☐ Le rouge est la couleur ayant la vibration la plus lente et la plus forte qui crée donc autour de la pierre une barrière d'énergie quasi infranchissable. **Attention :** la teinture rouge doit être une teinture naturelle !!
- ☐ Le blanc est la couleur qui renvoie toutes les couleurs et donc toutes les énergies.

Une excellente habitude à prendre : purifier tous les jours les pierres que l'on porte. Une expérience à conseiller au passage, pour bien se rendre compte de l'effet de la purification sur l'énergie de la pierre : prendre deux pierres équivalentes, en laisser une dans son écrin au repos et purifier l'autre tous les soirs durant une semaine complète. Lorsqu'on compare les deux pierres, on voit à l'évidence que celle qui a été régulièrement purifiée est plus brillante, plus vive à l'aspect, et plus douce, plus « finie » au toucher.

La tradition, plus que le savoir, nous donne quelques pistes de modes de purification.

LES DIFFÉRENTS TYPES DE PURIFICATION

La Terre

Les minéraux sont issus de la terre. Il paraît donc normal que le retour dans la terre mère soit rééquilibrant pour le minéral qui pourra y puiser toute la force nécessaire.

L'Eau

L'eau présente deux avantages : elle rappelle le magma primordial et est un excellent conducteur. Si l'on veut se baser sur des connaissances physiques, elle est à même de décharger le minéral en emmenant les ondes perturbatrices avec elle.

Le Soleil

Magma en fusion, énergie de vie, source primordiale, le soleil, objet de nombreux cultes à travers les millénaires, est considéré comme l'énergie réparatrice par excellence.

Le Sel

Les traditions de presque toutes les religions prêtent au sel des vertus de purification spirituelle. On dit que le cristal de sel absorbe la « négativité » d'un lieu, d'un objet. Si l'on veut trouver un commencement d'explication scientifique, on peut tenir le raisonnement suivant :

Le sel aspire l'humidité ambiante, et cette eau qu'il va ainsi « tirer » de la matière, entraîne avec elle les ondes indésirables.

La Lune

La lune accompagne nos nuits, rythme les flux de la terre et ceux de notre corps. Elle influence aussi bien la poussée de la végétation que celle de nos cheveux. Elle absorbe la lumière du soleil et nous la renvoie chargée de ses propres caractéristiques.

L'Encens

L'encens a toujours servi (et sert encore) dans toutes les pratiques religieuses à purifier et à élever le taux vibratoire (autrefois, on disait l'âme). Il est même utilisé, encore de nos jours, pour aseptiser un local, médicalement parlant : le papier d'Arménie que l'on brûle encore dans certaines nurseries, chambres de malades ou salles communes, n'est pas autre chose que du papier absorbant trempé dans une solution de benjoin.

L'encens est un viaduc qui fait la liaison entre les trois règnes : minéral, végétal et animal.

On peut l'examiner sous différents angles. Expliquons tout d'abord comment on obtient de l'encens en grains : on pratique des scarifications sur certaines essences d'arbres ; la sève sort en gouttelettes qui sèchent et durcissent au soleil. Puis, par grattage, on récolte cet encens en grains.

Passons à l'explication ésotérique de l'appartenance de l'encens aux différents règnes :

- L'encens est une résine et fait donc partie du végétal.
- La résine est faite majoritairement d'eau, exactement comme tous les animaux, ce qui lui permet de faire la liaison avec le règne animal.
- Séché et durci au soleil, le grain d'encens devient dur comme de la pierre et fait ainsi le pont avec le règne minéral.

Par ailleurs, on trouve dans l'encens et dans son utilisation les 4 éléments, à savoir :

- ☐ La terre : l'encens en se consumant est transformé en cendres.
- ☐ Le feu : pour l'utiliser, il faut le consumer sur un charbon.
- ☐ L'eau : au moment où il se consume, il se liquéfie.
- ☐ L'air : c'est la fumée de l'encens que l'on utilise et qui est active.

On peut donc très simplement exposer une pierre à la fumée de l'encens ou à un mélange d'encens en fonction du résultat escompté.

La géode d'améthyste Prendre une géode bien fermée et surtout totalement tapissée de cristaux (sans trous), orienter l'ouverture vers l'Est, et poser la pierre à purifier à l'intérieur ; laisser reposer une nuit.

LES INCONVÉNIENTS

La Terre

La purification par ensevelissement ne se pratique que dans des cas très graves, où l'on peut pratiquement considérer que le minéral ne peut plus être utilisé. Ce mode de purification entre dans un cycle géologique et dure donc de nombreux mois, voire des années.

L'Eau L'eau purifie très rapidement, mais ne convient qu'aux minéraux qui ne contiennent pas majoritairement de métaux. Si on veut purifier régulièrement une hématite, qui n'est que du fer, elle finit par rouiller (surtout si on utilise de l'eau salée). Dommage pour ce si beau collier ou bracelet en hématite !

Le Soleil Le soleil est parfait pour… presque toutes les pierres. Les pierres dites froides telles que la pierre de lune, l'opale, la sodalite, la calcédoine, la sugilite, sont des pierres lunaires qui s'affaiblissent au soleil.

Le Sel Le sel est très agressif. C'est vraiment un traitement de choc pour une pierre. Le sel absorbant l'humidité ambiante, il devient très corrosif. Si vous mettez un collier de perles dans le sel et après quelques pratiques de ce genre, vous constaterez que la nacre des perles se délite et se défait. Le sel n'est à recommander pratiquement que dans le cas d'influences psychiques néfastes.

La Lune La lune est excellente… pour les pierres dites froides, et est contre-indiquée pour les pierres chaudes, c'est-à-dire la très grande majorité des pierres.

L'Encens L'encens est, à mes yeux, la solution idéale pour toutes les pollutions dites non physiques, mais est un peu faible pour décharger une pierre que l'on a vraiment fait travailler et qui a donc été confrontée à des dysfonctionnements physiques importants. De plus, pour purifier à l'encens, il ne suffit pas de passer deux ou trois fois la pierre au-dessus de la fumée d'encens : il faut respecter les règles de base de la fumigation et de la purification par l'encens (voir chapitre **Pratiques de protections**, p. 67).

La géode d'améthyste Aucun inconvénient pour la pierre elle-même. Les seuls inconvénients sont pour la géode : elle se fragilise au fur et à mesure et laisse peu à peu apparaître des fissures qui prennent de plus en plus d'importance.

LES DIFFÉRENTS NIVEAUX DE PURIFICATION

Tous les minéraux, en lithothérapie, ont deux niveaux de fonction : le niveau physique et le niveau spirituel. Cela permet de les utiliser pour réparer les dysfonctionnements physiques et psychiques.

On comprend immédiatement que les minéraux, après utilisation, sont à nettoyer sur le plan pour lequel ils ont été utilisés. On choisira donc le nettoyage physique le plus adapté à la pierre en fonction de sa composition chimique et de sa nature solaire ou lunaire.

LE PURIFICATEUR DE MINÉRAUX « PURMIN »

Le purificateur de minéraux **Purmin** a fait l'objet d'un dépôt de brevet. Il s'agit d'un bloc en différentes matières (résine bio compatible, bois, ou pierre reconstituée) reproduisant une série de petites pyramides et volontairement polarisé par un aimant. Le principe de fonctionnement est simple.

Voici les forces en présence :

- ☐ La force des ondes de formes dégagées par les pyramides.
- ☐ La force des chiffres sacrés (le 3, le 4, le 12).
- ☐ La force dégagée par création d'un champ magnétique.

Il suffit alors d'orienter le **Purmin** (côté aimanté vers le Nord). Poser la pierre ou le bijou au sommet d'une ou de plusieurs pyramides. S'il s'agit d'un objet suffisamment grand, pas de problème. Si la pierre ou le bijou est petit, prendre un peu de pâte à modeler pour le faire tenir sur le sommet de l'une des pyramides du milieu ou y placer une simple feuille de papier puis y déposer la pierre ou le bijou.

Une pierre ou un bijou est ainsi nettoyé et rechargé en 12 heures.

Attention : il s'agit là d'un nettoyage ou d'une purification physique qui correspond aux charges physiques se trouvant dans la pierre. Si l'on veut nettoyer au niveau mental ou psychique, il faut utiliser l'encens, ou mieux encore, de l'huile essentielle d'encens (larme du Soudan) dont il suffit de mettre 4 gouttes sur le **Purmin**, par exemple. L'huile essentielle d'encens est considérablement plus forte que l'encens en grains, en cône ou en bâton, car on n'utilise que les principes actifs de l'encens.

Ces procédés simultanés de nettoyage et de rechargement sont totalement inoffensifs pour la pierre, quelle que soit sa composition chimique.

MODES D'UTILISATION DES MINÉRAUX

Remarque préalable : on me pose souvent la question : une petite pierre est-elle moins efficace qu'une grosse pierre ? La vraie réponse, la seule que l'on puisse faire est : cela dépend. C'est aussi la réponse la moins satisfaisante !

Le premier élément de réponse est de dire qu'un quartz rose, par exemple, de 20 g aura la même vibration que le bloc de quartz rose de 20 kg ou d'une tonne. C'est le même minéral, la vibration est donc la même. Par contre, toute la différence réside dans l'intensité. Elle varie en proportion de la masse. Si vous voulez utiliser le quartz rose pour faciliter votre endormissement, une petite pierre roulée de 20 g sous votre oreiller n'aura quasiment aucun effet.

Pour prendre un exemple facile, vous prenez votre poste de radio et vous le réglez sur votre station préférée. Que le volume sonore soit faible ou très fort, la station de radio et donc la longueur d'onde d'émission sont toujours les mêmes. Par contre, l'intensité, le niveau sonore et donc l'efficacité dans l'espace, ne sont plus les mêmes. Plus le poste sera réglé fort, plus il sera entendu de loin. Par contre, si vous collez l'oreille contre le poste de radio, vous risquez fort de blesser votre tympan.

EN USAGE COLLECTIF

L'usage collectif demande forcément des pierres de grande taille pour agir au loin sur un cercle de personnes.

Les menhirs Exemple classique s'il en est : le menhir, véritable aiguille d'acupuncture terrestre, est une antenne reliant le tellurique et le cosmique. Il est vrai que les hypothèses quant à leur utilisation dans le passé sont particulièrement nombreuses et… souvent contradictoires. Toujours est-il que si vous voulez vous recharger, n'hésitez pas à faire appel à sa force. Pour ce faire, placez-vous face au Nord et adossez-vous au menhir en plaçant la main gauche au creux de vos reins (chakra sacré) et la main droite à plat sur votre cœur (chakra du cœur), la tête légèrement en arrière jusqu'à toucher le menhir. Puis laissez-vous aller en essayant de ressentir la pulsion qui vient du tellurique par vos pieds et qui vous traverse jusqu'à ressortir par la tête (chakra cosmique ou coronal). Si vous désirez utiliser cette force pour réénergétiser un endroit particulier de votre corps, visualisez la force du menhir comme une lumière blanche qui, au passage, va nimber totalement l'endroit désiré.

Les dolmens Comme les menhirs, les dolmens n'ont pas fini de susciter des explications diverses et variées. Grande table de pierre, je la compare souvent à un bouclier placé sur une résurgence d'ondes ressenties comme bénéfiques. Ce bouclier, qui reçoit ainsi un flot d'énergie, disperse cette énergie comme un arroseur, sur une surface plus ou moins étendue en fonction et de la hauteur du dolmen (plus un arroseur est placé haut, plus il disperse loin) et de la puissance du « jet » d'ondes qu'il reçoit.

Sur le dolmen, on retrouve souvent des cupules qui recueillent l'eau de pluie. Utilisez cette eau comme on utilise un élixir. Un « détail » pourtant : ne l'avalez pas car on peut utiliser les vertus de la lithothérapie sans jeter les notions d'hygiène élémentaire aux ordures !

Les pierres levées L'exemple le plus connu est **Stonehenge** en Angleterre. Littéralement « liseré de pierres » ou « lisière de pierre ». Les réunions d'initiation se tenaient au milieu de ces cercles de pierres. Ces cercles servaient, d'après les traditions druidiques non seulement aux initiations, mais aussi au culte solaire.

EN USAGE PRIVATIF

Introduction

L'usage privatif est l'usage pour une personne seule. Alors que l'usage collectif semble plus généralement avoir été utilisé dans un but religieux, l'usage privatif était plus destiné à une protection individuelle. Cette protection pouvait avoir soit un caractère spirituel (protection contre les démons) soit un caractère plus physique. Mais n'oublions pas que dans les temps reculés, les deux se mélangeaient intimement. Le fait de lier la maladie et le mal-être aux esprits, donc aux forces spirituelles, rendait l'explication des remèdes inutiles et augmentait le pouvoir séculier de l'officiant.

Amulette

L'amulette, souvent assimilée au grigri, ne contient pas forcément que des pierres. Elle est bien souvent une composition de plantes séchées, de graines, etc. Elle date certainement de l'âge de pierre. À peine avait-on mis des pierres dans l'amulette, que déjà apparaissaient les pendentifs en pierre polie, qui mettaient la pierre en valeur et ajoutaient un aspect esthétique indéniable.

Les Égyptiens avaient un ressenti exceptionnel des pierres. Quand on lit comment les artisans tailleurs de pierre choisissaient les pierres à utiliser et cherchaient le sens dans lequel la tailler, on reste pantois ! Heureusement, tout le savoir n'a pas été perdu. Il suffit de parler avec un lapidaire pour ce rendre compte que, lui aussi, doit tenir compte du « sens » de la pierre à ciseler.

Les médecins égyptiens déterminaient quelle pierre devait être utilisée en l'appliquant sur l'endroit douloureux et vérifiaient (en fait par le magnétisme) ce qu'ils appelaient la « circulation des énergies ».

Bijoux De la pierre polie, on passe rapidement à la pierre taillée et donc au bijou. En matière de lithothérapie, on préfère en général utiliser des pierres brutes, voire polies au tambour (pierres roulées), plutôt que des pierres taillées. En fait, cela dépend beaucoup de la façon dont la pierre a été taillée. Si la taille a été faite dans les règles de l'art, la pierre n'est pas lésée, au contraire. On dit qu'une pierre bien taillée reçoit plus de lumière en son cœur et émet plus. Un bijou peut donc être particulièrement efficace pour la lithothérapie. Par contre, il faut aussi tenir compte qu'une pierre taillée programmée avec une intention négative sera beaucoup plus facilement acceptée en cadeau et surtout portée régulièrement, qu'une pierre brute. Dans les villes comme dans les campagnes, on se retrouve de plus en plus face à des pratiques de magie noire. C'est un sujet que l'on préfère en général ne pas aborder, car il est plus gratifiant d'assimiler la lithothérapie à une médecine parallèle qu'à une pratique de magie.

Onguent Un onguent à base de minéraux est composé d'une base graisseuse dans laquelle on a fait «passer» la vibration d'une ou de plusieurs pierres. Pour ce faire, plusieurs techniques sont possibles:

- ☐ La plus pénible lorsque l'on aime les pierres: réduire la ou les pierres en poudre et les mélanger à la base graisseuse en plus ou moins grande quantité. C'est l'exemple type du lapis-lazuli qui, sous forme d'onguent, servait de «maquillage» aux yeux de Pharaon et lui donnait cette vue perçante lui permettant de voir ses ennemis avant tous les autres guerriers. Même usage pour la malachite qui évitait la taie sur l'œil (taie que les médecins de l'Égypte ancienne savaient déjà opérer) et qui n'était pas réservée à Pharaon, pouvant être utilisée par tous. À noter au passage la double signification de la vue dans le lointain: sur le plan physique, c'est celui qui voit le plus loin; sur le plan plus ésotérique cela veut aussi dire celui qui voit l'avenir mieux que les autres.

- Faire fondre à feu doux la graisse qui servira de base (souvent de la lanoline pour ses qualités antiseptiques), y déposer la ou les pierres, attendre que la graisse se solidifie et laisser reposer (si possible au soleil) le temps d'une lunaison (28 jours). Pour être encore plus efficace, il faut démarrer le procédé à la lune descendante, pour que les vibrations des minéraux pénètrent encore mieux dans la préparation. Après cette lunaison, retirer les pierres et utiliser l'onguent en massages ou applications locales. Il va de soi que les pierres, après utilisation, doivent obligatoirement être rechargées et redynamisées.

Élixir Le principe se rapproche beaucoup de celui de l'onguent, mais on utilise simplement de l'eau. Il s'agit de faire tremper la ou les pierres dans de l'eau, puis de mettre cette eau au soleil durant une journée. Le soir, on peut utiliser cette eau de différentes façons :

- En compresse.
- En buvant l'eau.
- Les deux simultanément (1/2 en compresse, 1/2 par voie orale).
- En nettoyage de peau à l'aide d'un blaireau de rasage par exemple.

Mais on peut aussi augmenter la force de l'élixir en fonction du type d'utilisation (le nombre de jours d'exposition au soleil dépend, par exemple, du nombre régissant le chakra visé). Pour cela voir le chapitre **Vertus des minéraux**, p. 75).

Thérapie énergétique cristalline périphérique Le principe est l'utilisation de l'énergie directionnelle des aiguilles de quartz pour agir sur l'ensemble des corps (énergétique et éthérique) afin de rétablir :

Le principe de base

- L'harmonie complète des énergies allant du chakra racine jusqu'au cosmique.
- L'harmonie entre le passé, le présent et le devenir de la personne.

Comment utiliser les aiguilles

Rappelons-nous que les aiguilles de quartz développent leur énergie suivant leur sens de croissance, c'est-à-dire de la base vers la pointe. Cette qualité extraordinaire peut donc être utilisée pour ramener ou écarter les énergies.

Matériel nécessaire : 12 aiguilles de quartz (voir chiffre 12 dans le chapitre **Symbolisme et numérologie sacrée**), dont 2 sont un peu plus grandes que les mini-aiguilles : celle placée au-dessus du coronal et celle pla-

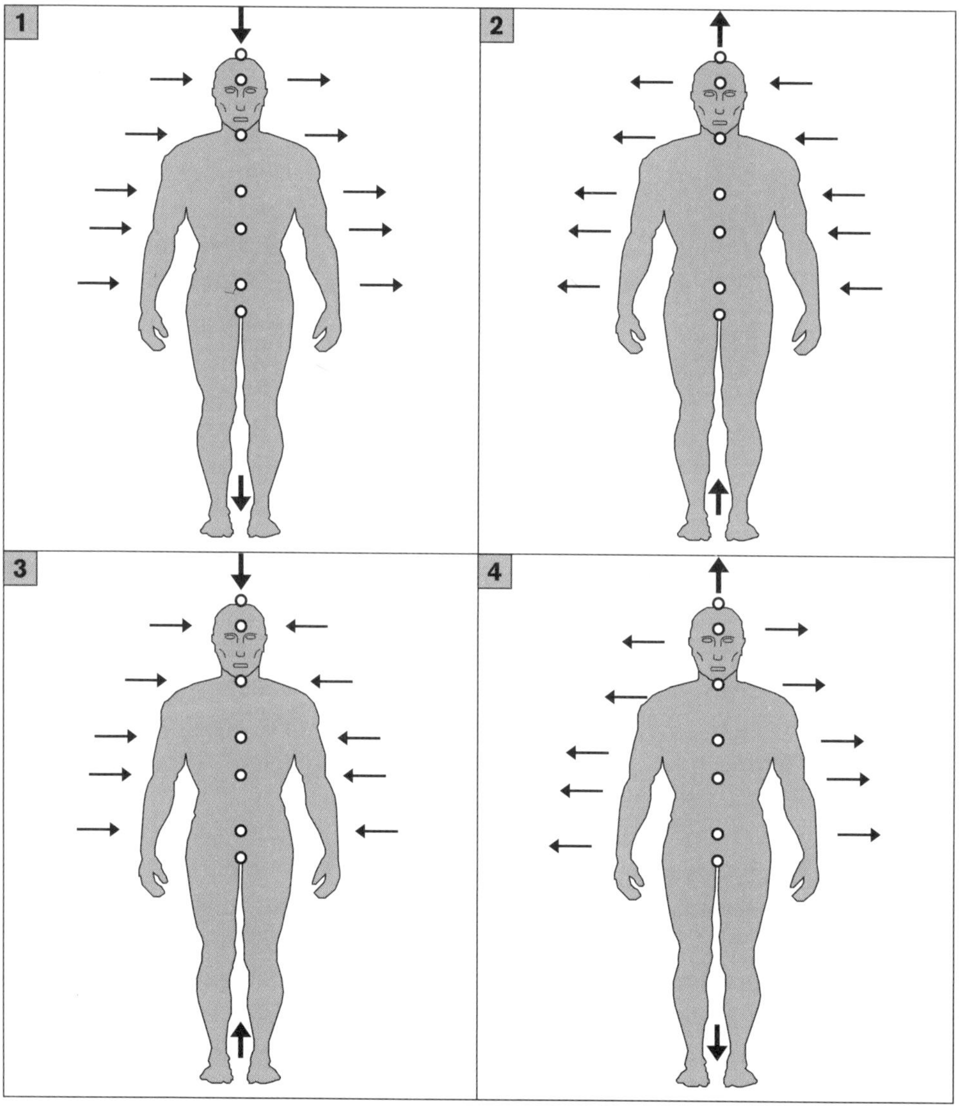

cée sous le chakra racine. Les mini-aiguilles font environ 3 à 4 cm et les «grandes» aiguilles font 6 à 8 cm de long.

La personne étant couchée, on place donc les aiguilles autour d'elle, en périphérie, au niveau de chaque chakra suivant 5 modes différents:

- ①+② : aiguilles «pointant» toutes dans le même sens.
- ③ : aiguilles «pointant» vers la personne.
- ④ : aiguilles «pointant» vers l'extérieur de la personne.
- ⑤ (non-représenté) : aiguilles «pointant» vers le haut en verticalité en collant les aiguilles verticalement sur une petite boule de pâte à modeler (par exemple) pour ramener l'aura déplacée vers l'avant, ou la ramener vers l'arrière (en couchant la personne sur le ventre).

Il n'est pas obligatoire d'utiliser toutes les aiguilles dans tous les cas. Il faut moduler en fonction du but recherché. Voir le croquis ci-contre pour comprendre les modules de base.

Huiles de massage, type «Biominérales»

Le principe de base

Les Biominérales sont des complexes à base d'huiles végétales dans lesquelles on a rajouté des huiles essentielles pures et naturelles concentrant les principes actifs de plantes. Ces complexes ont ensuite été dynamisés ou énergétisés par des minéraux.

Rappel: Les minéraux émettent des vibrations énergétiques que l'homme utilise depuis 100 000 ans. Ces vibrations agissent sur le milieu ambiant et peuvent être transmises à un milieu liquide (eau de source, huile, etc.). L'huile conserve ces vibrations et permet de cumuler les deux effets: massage + vibrations énergétiques.

La technique retenue

La transmission de cette énergie au complexe d'huiles végétales contenant déjà des huiles essentielles, se fait par l'action du soleil sur les minéraux plongés dans ces huiles durant 12 jours. On obtient ainsi une énergie dont le niveau vibratoire est contrôlé, en fin de processus, par la mesure des vibrations en UB (Unités Bovis).

Les supports utilisés

Pour obtenir le type d'énergie souhaité, il faut travailler à la fois les cristaux (les émetteurs) et le milieu liquide (le récepteur).

- ☐ Les émetteurs : le type d'énergie vibratoire est obtenu en rassemblant des cristaux et des minéraux ayant un même effet (par exemple dynamisant, relaxant, amaigrissant, etc.). Tous les cristaux et minéraux utilisés doivent d'abord être purifiés.
- ☐ Le récepteur : le milieu ambiant, réceptacle de cette énergie, doit être une préparation d'huiles 100 % végétales sélectionnées pour leur action sur la peau, alliées à une composition d'huiles essentielles. Ces huiles essentielles doivent elles-mêmes être sélectionnées pour leur action dynamisante relaxante ou amaigrissante.

Application directe

Introduction

L'application directe est toujours plus efficace pour deux raisons :

- ☐ La vibration de la pierre se transmet plus facilement (surtout pour les pierres relativement petites que l'on utilise en général).
- ☐ L'effet placebo est plus important, car on pense à la pierre chaque fois qu'on se l'applique avec un sparadrap et chaque fois qu'on la ressent en bougeant. Cet effet placebo qui est réel, ne doit pas être négligé : seul le résultat compte !

Les minéraux peuvent être utilisés en application directe de trois façons différentes :

Sur l'endroit douloureux ou d'origine des maux

Exemples types : la malachite à appliquer sur le nerf sciatique, la chrysolite sur le foie, etc.

Cette application n'a pas besoin d'être permanente. La journée ou la nuit suffit dans la très grande majorité des cas. On préfère en général la nuit, car l'efficacité est plus grande (le corps se régénère pendant le sommeil), et cela gène moins dans les mouvements. L'application se fait tout simplement, en utilisant un sparadrap.

Sur le point correspondant à l'organe perturbé et utilisé en acupuncture

Bien souvent, on préférera utiliser le point correspondant à l'organe et utilisé en réflexologie plantaire. Dans ce cas, il paraît difficile de procéder durant la journée, sauf si la personne ne se déplace pas.

Sur les chakras

Chaque chakra est le centre d'énergie correspondant à un certain nombre d'organes ou de fonctions. L'idéal est de trouver la pierre qui a en même temps les caractéristiques vibratoires recherchées et la couleur correspondant au chakra. Mais comme toujours, l'idéal reste une rareté. Pour éviter toute réaction du chakra si la pierre ne correspond pas à celui-ci au niveau de la couleur, il suffit d'y adjoindre un quartz rose qui répand l'harmonie.

Application indirecte

Introduction

Le fait de porter la pierre sur soi en quasi-permanence fait que l'on se soumet plus régulièrement à sa vibration. Mais pensez à l'effet placebo évoqué ci-dessus. Pour qu'une pierre soit véritablement efficace, il ne suffit pas de la porter sur soi et de l'oublier. Il faut la regarder le plus souvent possible, la toucher, la manipuler, pour s'en imprégner, entrer en symbiose avec elle.

La poche

C'est l'endroit le plus couramment utilisé. Avec quelques précautions toutefois :

- ☐ Chaque pierre doit être isolée de ce qui peut se trouver dans une poche (mouchoir, clefs, monnaie, couteau, etc.). Il n'y a que deux méthodes : vider la poche ou mettre la pierre dans un sachet de protection (un porte-monnaie en cuir ou en tissu).
- ☐ Sortir de temps en temps la pierre et la manipuler dans la main, pour qu'elle reprenne un contact direct.

Le pendentif, le collier

On a toujours utilisé les pierres de cette façon, ne serait-ce qu'à titre décoratif. Mais n'oublions pas, pour être efficaces, que le collier repose sur le chakra laryngé et le pendentif, en général, sur le chakra du cœur ou entre le cœur et le solaire. Il faut au moins en tenir compte pour ne pas contrecarrer les effets bénéfiques de la pierre qui doit peut-être être placée sur un autre chakra.

D'autre part, un collier ou un pendentif est fait en général avec des pierres percées. De plus, on pensera moins à le purifier et l'effet placebo sera presque nul.

Le bracelet

Les remarques sont quasiment les mêmes que pour le collier et le pendentif avec un rajout : le bracelet se trouve à un point important pour la circulation sanguine, avec en plus un effet direct sur le cœur, lorsque ce bracelet est porté au bras gauche. Il faut donc au moins vérifier l'action des pierres du bracelet sur la circulation veineuse et artérielle.

PROGRAMMATION DES MINÉRAUX

Avant d'utiliser une pierre sur soi ou sur une autre personne dans un but soit de régulation des chakras soit de lithothérapie, il faut se familiariser avec cette pierre qui va devenir votre aide et faire quasiment partie de vous-même. Pour cela, il faut la programmer dans le sens désiré. Il ne s'agit pas là de programmer chaque pierre roulée qui va être utilisée dans sa fonction primaire en utilisant simplement ses qualités vibratoires.

En réalité, on ne programme ainsi que des quartz type aiguille de massage ou similaire auxquels ont confie une mission plus précise.

Cette programmation se fait en trois étapes.

OUVERTURE DU CHAMP ÉNERGÉTIQUE

Se placer face à l'Est, la pierre devant soi, et se mettre d'abord soi-même en condition de recevoir. Inspirer calmement 7 fois de suite en visualisant un paysage qui représente pour vous la relaxation, la détente (la mer sous le soleil, un paysage de montagne au lever du soleil avec des écharpes de brume qui s'accrochent aux flancs de la montagne, un lac ou un étang sous la brume, une rivière calme qui serpente entre les arbres).

Quand vous êtes bien détendu, placez vos mains en conque à une dizaine de centimètres de la pierre et vous inspirez lentement par le nez 3 fois de suite. À chaque inspiration, vous visualisez une lumière blanche qui pénètre en vous. Après chaque inspiration, quelques secondes de rétention de la respiration, pendant lesquelles vous visualisez cette lumière blanche se concentrant au niveau du chakra solaire.

Puis vous expirez lentement par la bouche en visualisant cette lumière blanche qui passe par vos bras, qui ressort ensuite par vos mains et va imprégner la pierre que vous regardez en lui demandant de stocker cette énergie par augmentation de son champ énergétique.

Reprenez une respiration normale, sans enlever vos mains de dessus la pierre. Vous sentirez très vite l'expansion du champ énergétique

OUVERTURE DU CHAMP PSYCHIQUE

Un quartz destiné à la lithothérapie, tel qu'il est évoqué plus haut, servira aussi à réguler des fonctions psychiques, voire spirituelles. Il s'agit donc, là aussi, de se mettre en symbiose avec le minéral dans cette mission particulière.

Le processus de départ est absolument identique à celui déjà évoqué. La différence fondamentale réside au moment de la rétention de la respiration. Vous concentrez la lumière blanche au niveau du chakra solaire, tout en faisant rentrer en vous une lumière violette par le chakra coronal ou cosmique. Ce double exercice n'est pas évident à réaliser. Essayez plusieurs fois jusqu'à ce que vous soyez sûr du résultat.

Attention : il ne s'agit pas de s'ouvrir à une puissance quelconque et d'ouvrir un canal vers on ne sait quoi ou qui. Il s'agit simplement d'une lumière violette. N'essayez pas de lui donner une valeur autre que physique. C'est cette lumière violette qui va se concentrer lors de l'expiration le long de vos bras et pénétrer la pierre. Tout en nimbant la pierre de cette lumière violette, vous lui demandez de s'ouvrir à la communication spirituelle.

PROGRAMMATION PROPREMENT DITE

La pierre est prête maintenant (vous aussi d'ailleurs) à passer à la phase de programmation. Réfléchissez bien à ce que vous allez demander à la pierre. Il faut que cela soit compatible non seulement avec votre propre déontologie, mais aussi avec les possibilités physiques de la pierre. Ne demandez pas à un quartz cristal de réagir comme une hyacinthe ou une malachite. Le résultat ne peut qu'être décevant.

Dans la grande majorité des cas, il s'agit d'une mission plutôt orientée vers l'ouverture et l'équilibrage des chakras, vers le «colmatage» du corps énergétique ou éthérique, etc.

La première phase des 7 inspirations simples pour vous relaxer est identique. Puis vos 3 inspirations avec lumière blanche. Au moment de la rétention de la respiration, vous visualisez une lumière rouge qui pénètre en vous par vos pieds et le chakra racine. Et c'est cette lumière rouge que vous allez diriger le long de vos bras et par vos mains sur la pierre au moment de l'expiration tout en donnant une mission particulière à la pierre.

Il est plus efficace de programmer plusieurs pierres avec des missions différentes, plutôt que de programmer une pierre pour des missions diverses.

Il est tout à fait possible de programmer une pierre plus spécifiquement pour une personne donnée. À ce moment là, on peut la programmer plusieurs fois en complément pour aborder tous les aspects dont la personne a besoin.

Ne jamais oublier, après chaque travail, de remercier la pierre.

LES PROPRIÉTÉS VIBRATOIRES DES COULEURS

Les pierres, de par leur composition chimique, nous offrent des couleurs que nous pouvons aussi utiliser à bon escient. Examinons les couleurs les plus courantes.

LES 3 COULEURS FONDAMENTALES

Le bleu

La couleur bleue correspond au domaine physique. C'est la volonté de vivre, d'exister dans son corps, la volonté d'être. C'est aussi le bleu du ciel, clair le jour, sombre la nuit, le ciel qui, comme Nout chez les Égyptiens, féconde la terre.

Le rouge

La couleur rouge correspond à l'affectif. C'est l'amour, la compassion, le dépassement de soi dans la réalisation du Grand Destin de notre vie par l'amour de notre mère la TERRE dans le sens le plus géologique du terme. Le rouge est aussi la couleur du feu du ciel, du soleil qui nous donne la vie. Rouge, couleur de l'amour qui englobe tout ce qui vit, tout ce qui est.

Le jaune

La couleur jaune c'est l'intellect, l'esprit, l'intelligence. Comme le jaune est le complément du bleu, l'esprit appliqué au domaine physique permet le développement de cette volonté d'exister en lui donnant une autre dimension. C'est exister à travers les âges en participant pleinement au cycle de la terre. Mais le jaune est aussi le complément du rouge. L'esprit appliqué à l'amour sublime qui va le porter plus loin dans une union absolue avec tout ce qui vit, tout ce qui est.

Les couleurs de l'arc-en-ciel

L'arc-en-ciel est la représentation de l'arche d'alliance. C'est le cadeau qui nous est fait pour nous fournir toutes les vibrations fondamentales dont nous avons besoin pour vivre, nous développer et aussi nous soigner. Dans l'arc-en-ciel, il y a des couleurs que nous voyons et d'autres que nous ne voyons pas (les infrarouges, les ultraviolets), ce qui nous fait comprendre que notre développement personnel passe par ce que nous voyons directement, mais aussi par ce que nous ne voyons pas, mais ressentons malgré tout (les UV invisibles se font bien sentir au détriment de notre peau lors d'une exposition prolongée à leurs rayons sans précautions). Oublier le «non vu» ou le «non apparent» dans sa vie personnelle, c'est s'exposer spirituellement et psychiquement au même risque de surexposition.

TRAVAIL SUR LES CHAKRAS

LE RECENTRAGE DE L'AURA

Avant de parler d'équilibrage des chakras, il faut recentrer l'aura qui est souvent décalée. Hormis les cas d'accident qui peuvent décaler vers l'avant, l'arrière, etc., il est des décalages qui peuvent s'interpréter différemment.

Si le décalage est vers l'avant, on peut l'interpréter comme une impatience vers l'avenir, la hâte d'être à demain et aussi l'oubli de vivre le moment présent.

Si le décalage est vers l'arrière, on se tourne vers le passé soit par nostalgie, soit par remord.

Un décalage vers le côté droit peut être le signe d'un problème avec une personne de sexe masculin (père, mari, fils...), de même qu'un décalage vers le côté gauche peut être le signe d'un problème avec une personne de sexe féminin (mère, fille...).

Pour recentrer le corps au centre de l'aura, il est nécessaire de travailler les chakras dans l'ordre suivant : il faut commencer par le chakra du cœur qui recentre le corps, puis le solaire, puis le laryngé, puis le sacré, suivi du 3e œil, pour continuer par le racine et terminer par le cosmique.

Cela répartit ainsi l'énergie au fur et à mesure, de façon régulière, sans déséquilibrer ni vers la base ni vers le haut.

LE CHAKRA DU CŒUR
(au milieu, entre les deux mamelons)

Couleurs: **le vert, le rose, l'or**
Élément: **l'air**
Sens: **le toucher**
Chiffre: **12**
Doigt: **l'index**
Musique: **le prélude de *Pelléas et Mélisande* de Gustave Fauré**
Huiles essentielles: **eucalyptus et oranger**

Le chakra du cœur est le point de jonction entre les chakras spirituels (le laryngé, le 3e œil et le cosmique) et les chakras physiques (le solaire, le sacré et le racine). Il est souvent représenté par une étoile à 6 branches qui correspond à 2 triangles équilatéraux tête-bêche.

Le chakra du cœur est celui de l'amour. L'amour inconditionnel et universel. C'est l'amour de soi en tant que personne physique et spirituelle. Avec nos qualités ainsi que nos défauts, avec le chemin que nous avons parcouru et celui qui nous reste à faire. C'est aussi l'amour des autres, sans réserve ni exclusion. Cet amour des autres qui est la seule route vers une meilleure compréhension, nous amène aussi à ressentir intuitivement ce qui lie l'infiniment grand à l'infiniment petit.

Le rayonnement du chakra du cœur est le rayon de la guérison, lorsque nous le dirigeons vers un organe malade, soi en nous, soi vers quelqu'un d'autre.

Les couleurs sont:

- ☐ Le vert, couleur du renouveau, de la nouvelle vie, de la guérison, de la sympathie.
- ☐ Le rose, couleur de l'harmonie, de l'amour tendresse, du calme, de la sérénité retrouvée.
- ☐ Le doré, couleur de la spiritualité, du dévouement.

Le chakra du cœur canalise cet amour universel, le divin comme l'humain, vers l'ensemble de nos chakras et organes comme vers les autres. Les fonctions physiques du chakra du cœur sont la régulation de la circulation sanguine, le bon état des poumons, la sauvegarde du système immunitaire. Il conserve l'épiderme et le derme en bon état, favorise la cicatrisation et agit sur la croissance des enfants.

LE CHAKRA SOLAIRE
(entre la pointe du plexus et le nombril)

Couleur: **le jaune**
Élément: **le feu**
Sens: **la vue**
Chiffre: **10**
Doigt: **le pouce**
Musique: **le Credo de la *messe en Si mineur* de J.-S. Bach**
Huiles essentielles: **bergamote et basilic**

Il est le centre de ralliement de plusieurs chakras secondaires qui ont tous les mêmes organes à réguler: la rate, le foie, l'estomac.

Le chakra solaire est considéré comme le centre énergétique du corps. Son symbole est le soleil qui renvoie aussi à la chaleur, à la spiritualité.

C'est l'endroit du corps le moins protégé par le physique: pas de côtes, pas d'os, pratiquement pas de ceinture musculaire. Nous y ressentons les autres, notre environnement, le bien-être comme le mal-être.

Le chakra solaire est le centre de notre personnalité. Nous y ressentons le pouvoir des autres, notre environnement hiérarchique, notre rapport aux autres. La lumière qui y pénètre éclaire nos sentiments, nos idées. C'est le centre qui nous permet d'être en harmonie avec soi et avec les autres.

C'est la porte aurique du corps astral. Il est crucial que les informations qui y circulent et y séjournent ne perturbent pas le circuit du spirituel vers le matériel et réciproquement.

Il est indispensable que le travail par la méditation sur le chakra solaire structure correctement le corps astral.

Les fonctions physiques régulées par le chakra solaire sont nombreuses: la ceinture abdominale (foie, rate, vésicule, pancréas, intestin, colon, œsophage), mais aussi le système neurovégétatif: respiration, rythme cardiaque, réflexes, etc.

Le diabète comme le cholestérol dépendent de lui, ainsi que les variations de poids et les excès de graisses.

LE CHAKRA LARYNGÉ
(sous la gorge, le « V »)

Couleurs : **le bleu, entre le bleu clair, le bleu-vert et le bleu argenté**
Élément : **l'éther**
Sens : **l'ouïe**
Chiffre : **16**
Doigt : **le majeur**
Musique : **la *Sarabande* de Haendel**
Huiles essentielles : **rose et marjolaine**

C'est typiquement le chakra de la communication, du langage, de la capacité d'expression. C'est grâce à lui que nous faisons comprendre nos sentiments, nos peurs, nos idées, nos croyances.

La communication ne signifie pas seulement la parole. La communication passe aussi par les gestes, les mimiques, les attitudes de tout le corps.

Comme le sens du chakra est l'ouïe, c'est aussi le chakra qui permet d'être à l'écoute des autres. Être à l'écoute n'est pas limité au seul sens de l'ouïe. C'est ressentir les autres par tout notre corps, se rendre compte de leurs besoins, de leurs problèmes, de leurs maladies.

Le chakra de la gorge est donc le porte-parole de tous les chakras par la communication vers l'externe, et le relais interne des chakras de ceux qui nous entourent.

Physiquement, le chakra de la gorge contrôle la sphère ORL : la gorge, la mâchoire, la langue, les cordes vocales avec le larynx et le pharynx, les bronches, les oreilles, mais aussi les vertèbres cervicales, les muscles du cou. Il agit aussi directement sur les bras et les mains. Par la bouche, c'est aussi le chakra de la transformation des aliments en énergie pour nourrir les organes et les muscles.

LE CHAKRA SACRÉ (au-dessus de la ligne du pubis)

Couleur: **l'orange**
Élément: **l'eau**
Sens: **le goût**
Chiffre: **6**
Doigt: **l'auriculaire**
Musique: ***La Mer* de Debussy**
Huiles essentielles: **naouli et pin**

C'est le chakra du sexe, de la fertilité de l'eau, de la fécondité. Tout rapport avec les autres est basé sur la séduction. Dans chacun de nous est une partie Yin et Yang. Le chakra sacré contribue donc à l'harmonie entre les personnes. Pour atteindre le septième ciel, l'extase, le bon fonctionnement du chakra sacré est nécessaire mais pas suffisant. Si les autres chakras ne fonctionnent pas bien, la jouissance ne sera pas complète.

L'élément du chakra étant l'eau, il commande donc tous les liquides vitaux: liquide céphalo-rachidien, sucs gastriques, sperme, sang, urine, salive, etc.

De par sa position, le chakra sacré agit aussi sur la vessie, les testicules, le pénis, le clitoris, les menstruations, les reins…

LE CHAKRA DU 3E ŒIL (entre les sourcils, au-dessus de l'arrête du nez)

Couleur: **le violet**
Sens: **tous, y compris la perception extrasensorielle**
Chiffre: **96**
Musique: **l'*Adagio* d'Albinoni**
Huiles essentielles: **menthe et romarin**

C'est la porte aurique vers le corps mental.

Le chakra du 3e œil ou frontal est cérébral. C'est le siège de l'intelligence, de la mémoire, de l'analyse des perceptions sensorielles, de la capacité de synthèse.

Il stimule donc la créativité, l'imagination, les idées mais aussi le réalisme, le décryptage des informations reçues.

Le chakra frontal analyse les informations des autres chakras, les décortique et les restitue soit vers l'extérieur soit vers l'intérieur.

Si la liaison avec le chakra du cœur se fait bien, il accroît la puissance de guérison du rayonnement d'amour. Dans le processus de guérison de soi ou des autres, il ne s'agit pas de l'amour aveugle, mais de l'amour conscient, voire même volontaire, ce qui lui confère une autre puissance.

Le 3e œil est aussi le siège de la communication extra-sensorielle, de la clairvoyance, des capacités télépathiques.

Il est exceptionnel que ce chakra ne fonctionne pas bien. On peut simplement améliorer son fonctionnement pour arriver à une meilleure compréhension des concepts philosophiques, de son rôle dans le monde.

LE CHAKRA RACINE

(entre l'anus et le périnée ou le début du scrotum)

Couleurs : **le rouge et le noir**
Élément : **la terre**
Sens : **l'odorat**
Chiffre : **4**
Doigt : **l'annulaire**
Musique : **le premier mouvement de la *1re Symphonie* de Brahms**
Huiles essentielles : **cannelle et sauge**

C'est la porte aurique vers le corps éthérique.

Le chakra racine, comme son nom l'indique est le chakra de l'enracinement à notre mère, la terre. C'est par lui que nous puisons la force primaire, mais aussi l'amour primordial. Cette force nous permet de garder le sens du concret, mais aussi l'énergie principale source de vie et d'action.

C'est le siège de l'harmonie avec la nature, du ressenti de cette nature et des puissances qu'elle renferme. C'est l'élément indispensable pour le ressenti complet et non tronqué des minéraux.

C'est le bon fonctionnement, voire le renforcement, du chakra racine qui est le réparateur des accrocs faits journellement à notre corps éthérique, soit par une blessure physique, soit par des accrocs dans notre hygiène de vie, voire même dans nos pensées.

La fonction du chakra de la base est quasiment exclusivement physique : le squelette, les dents, les ongles, les cheveux. Mais aussi la structure cellulaire des muscles, la lymphe, les glandes surrénales, la température du corps. Cette fonction agit aussi sur les organes de proximités tels que le rectum, l'anus, le vagin, la prostate.

LE CHAKRA COSMIQUE

(2 largeurs de main au-dessus de l'arrête du nez)

Couleurs : **le blanc et l'or**
Chiffre : **1000**
Musique : **l'*Adagio Op. 11* de Barber**
Huiles essentielles : **lotus, santal, rose, néroli, encens, jasmin**

Porte aurique du corps causal.

Le chakra cosmique ou coronal réunit toutes les forces de tous les chakras. Il est le point de convergence entre les forces des chakras et les forces cosmiques. C'est le ressenti du divin, du sacré. C'est le point d'articulation de notre vie actuelle, de notre passé, de notre devenir, de nos vies passées et à venir, le siège de l'intuition parfaite.

Le coronal nous fait prendre conscience que nous sommes une infime partie de l'univers et même des univers et qu'en même temps, nous sommes un univers complet à l'image du cosmos. Tout est dans tout. C'est la prise de conscience qu'une action même infime de notre part à des répercussions à travers l'univers. Bouddha disait : « Si tu cueilles une fleur, tu déranges une étoile. »

L'ouverture complète du chakra coronal ne doit être tentée qu'après avoir travaillé sur tous les autres chakras. On a alors le sentiment d'une renaissance, d'une résurgence hors du brouillard quotidien, qui a peut-être duré des années. Ce sont des moments privilégiés qui peuvent créer des réflexes totalement imprévus lorsque l'on arrive à cet état de grâce.

Fonction : action exclusive sur le cerveau qu'il éclaire et purifie.

PRATIQUES DE PROTECTION
contre des énergies négatives ou hostiles

INTRODUCTION

De plus en plus de gens se disent l'objet de pratiques visant à leur nuire. En fait, dans la très grande majorité des cas, il s'agit seulement d'un mal de vivre confus qui peut aller du mal-être à la maladie, en passant par toutes sortes de douleurs projetées (mais réelles). Mais ne tombons pas dans l'excès inverse, en niant toute pratique néfaste. Ces pratiques peuvent se ranger en 2 grandes catégories différentes.

ENTOURAGE NÉFASTE, VOIRE HOSTILE

Sans utilisation de techniques ou pratiques spéciales. Utilisation de pierres de protection telles qu'un Œil de Tigre ou de Taureau à porter sur soi. En général le retour à l'émetteur involontaire a un effet éducatif sur ce dernier : instinctivement, il cessera de penser négativement à l'encontre de la personne protégée. Dans certains cas, il cherchera même à s'en faire un(e) ami(e). Une preuve de l'efficacité de l'effet de protection de la pierre, indépendamment de l'amélioration ressentie par la personne, est que (de temps en temps) la pierre de protection peut présenter une fêlure, voire même se fendre, mais dans un sens non naturel, à savoir perpendiculairement à la stratification.

INTENTIONS NÉGATIVES PROGRAMMÉES

Avec des moyens relativement simples (radionique, programmation d'objets ou de pierres, rites vaudous simples).

Pierres de protection

En portant sur soi, en plus de l'Œil de Taureau ou de l'Œil de Tigre, une tourmaline noire ainsi qu'un quartz programmé pour renforcer la puissance du retour.

De plus, il y a lieu de protéger le cadre de vie en plaçant un Œil de Tigre ou un Œil de Taureau ou de préférence un Œil de Fer au-dessus de chaque porte du lieu de vie, voire du lieu de travail.

Coupelles de sel

Non raffiné (de préférence cristal de sel). À placer chez soi (et si possible sur le lieu de travail) de part et d'autre de la porte d'entrée de l'appartement ou de la chambre. À changer toutes les semaines. Le sel «chargé» doit être placé sous l'eau courante jusqu'à ce qu'il soit fondu, ou jeté dans une rivière.

Fumigation d'encens

Quel encens utiliser

La fumigation des pièces de la maison de l'appartement ou du lieu de travail doit se faire soit avec de l'encens en grains, soit avec des bâtonnets ou cônes, mais à condition que l'on soit sûr de leur pureté. En effet, on mélange bien souvent à l'encens en grains réduit en poudre, de la colle et des arômes synthétiques (c'est pourquoi certains bâtonnets ou cônes se sentent même encore emballés).

L'encens utilisé depuis toujours (et même encore de nos jours) pour une fumigation efficace à titre de purification et de protection est l'oliban, appelé aussi «larmes du Soudan».

Mode opératoire Une fumigation destinée à effacer ce type de négativité doit se faire portes et fenêtres ouvertes, ainsi que les portes d'armoires et les tiroirs. La vibration de l'encens doit pouvoir pénétrer partout pour purifier les miasmes qui doivent pouvoir sortir de la maison ou de l'appartement. Il faut absolument passer partout pour tout imprégner : l'avant, l'arrière, les côtés et le dessous des meubles, l'intérieur des tiroirs, etc. De plus, cette opération est à recommencer régulièrement (demander conseil pour en déterminer le rythme) et ce durant au moins 6 mois, pour éviter que la « négativité » ne resurgisse.

ÉTUDE DES CHAKRAS

Le chakra racine / rouge ou noir		
Nombre : 4	Huiles essentielles: cannelle / sauge	Musique: 1er mouvement 1re *Symphonie* de Brahms
Le doigt: l'annulaire	Enracinement à notre mère, la terre. Force primaire amour primordial. Sens du concret	Squelette, dents, ongles, cheveux, structure cellulaire des muscles, lymphe, glandes surrénales, température du corps
L'élément : la terre. Le sens: l'odorat	Dynamisme	Rectum, anus, vagin, prostate
Porte aurique vers le corps éthérique	Harmonie avec la nature, ressenti des puissances qu'elle renferme. Indispensable pour le ressenti complet des minéraux	Réparateur des accrocs faits journellement à notre corps éthérique (blessure du physique dans notre hygiène de vie ou dans nos pensées

Le chakra sacré / orange		
Nombre: 6	Huiles essentielles: niaouli / pin	Musique: *La Mer* de Debussy
Le doigt: l'auriculaire	Fertilité, fécondité. Harmonie entre les personnes	Tous les liquides vitaux : liquide céphalo-rachidien, sucs gastriques, sperme, sang, urine, salive, etc.
L'élément : l'eau. Le sens : le goût	Jouissance sexuelle à condition que les autres chakras fonctionnent bien	Vessie, testicules, pénis, clitoris, menstruations, reins

Le chakra solaire / jaune		
Nombre: 10	Huiles essentielles: bergamote / basilic	Musique: *Messe en Si mineur* (Credo) de Bach
Le doigt: le pouce	Nous y ressentons le pouvoir des autres, notre environnement hiérarchique, notre rapport aux autres. Permet d'être en harmonie avec soi et avec les autres.	La ceinture abdominale (foie, rein, rate, vésicule, pancréas, intestin, colon, œsophage), mais aussi le système neurovégétatif : respiration, rythme cardiaque, réflexes, etc.
Sa couleur: le jaune		Le diabète, le cholestérol, les variations de poids et les excès de graisses
L'élément: le feu. Le sens: la vue		
C'est la porte aurique du corps astral		

Le chakra du cœur / vert ou rose ou or		
Nombre: 12	Huiles essentielles: eucalyptus / oranger	Musique: prélude de *Pelléas et Mélisande* de Fauré
Le doigt: l'index	Point de jonction entre chakras spirituels (laryngé, 3e œil et cosmique) et chakras physiques (solaire, sacré et racine)	Les fonctions physiques du chakra du cœur sont la régulation de la circulation sanguine, le bon état des poumons et du cœur, la sauvegarde du système immunitaire. Il conserve l'épiderme et le derme en bon état, favorise la cicatrisation et agit sur la croissance.
L'élément: l'air. Le sens: le toucher	Le rayonnement du chakra du cœur est le rayon de la guérison, lorsque nous le dirigeons vers un organe malade, soi en nous, soi vers quelqu'un d'autre.	L'amour des autres (seule route vers une meilleure compréhension) nous amène à ressentir ce qui lie l'infiniment grand à l'infiniment petit.

Le chakra laryngé / bleu		
Nombre: 16	Huiles essentielles: rose / marjolaine	Musique: *Sarabande* de Haendel
Le doigt: le majeur	C'est typiquement le chakra de la communication, du langage, de la capacité d'expression. C'est grâce à lui que nous faisons comprendre nos sentiments, nos peurs, nos idées, nos croyances.	Sphère ORL: gorge, mâchoire, langue, cordes vocales, larynx, pharynx, bronches, oreilles, vertèbres cervicales, muscles du cou. Il agit directement sur les bras et les mains. Par la bouche, c'est aussi le chakra de la transformation des aliments en énergie
L'élément: l'éther. Le sens: l'ouïe		

Le chakra du 3e œil / violet		
Nombre: 96	Huiles essentielles: menthe / romarin	Musique: *Adagio* d'Albinoni
Le sens: tous les sens, y compris les perceptions extratrasensorielles. C'est la porte aurique vers le corps mental	Le chakra du 3e œil ou frontal est cérébral. C'est le siège de l'intelligence, de la mémoire, de l'analyse des perceptions sensorielles, de la capacité de synthèse.	Il est exceptionnel que ce chakra ne fonctionne pas bien. On peut simplement améliorer son fonctionnement pour arriver à une meilleure compréhension des concepts philosophiques, de son rôle dans le monde.
	Le chakra frontal analyse les informations des autres chakras, les décortique et les restitue soit vers l'extérieur soit vers l'intérieur.	Le 3e œil est aussi le siège de la communication extrasensorielle, de la clairvoyance, des capacités télépathiques

Le chakra cosmique / violet, blanc, or		
Nombre: 1000	Huiles essentielles: lotus / santal / encens / rose / néroli / jasmin	Musique: *Adagio Op. 11* de Barber
Porte aurique du corps causal	Il réunit toutes les forces de tous les chakras. C'est le point de convergence entre les forces des chakras et les forces cosmiques. C'est le ressenti du divin, du sacré. C'est le point d'articulation de notre vie actuelle, de notre passé, de notre devenir.	L'ouverture complète du chakra coronal ne doit être tentée qu'après avoir travaillé sur tous les autres chakras. On a alors le sentiment d'une renaissance, d'une résurgence hors du brouillard quotidien, qui a peut-être duré des années.
	Le coronal nous fait prendre conscience que nous sommes une infime partie de l'univers tout en étant un univers complet à l'image du cosmos. Tout est dans tout. Une action même infime de notre part a des répercussions à travers l'univers.	Fonction: action exclusive sur le cerveau qu'il éclaire et purifie.

VERTUS DES MINÉRAUX

INTRODUCTION

Chacun des minéraux ci-dessous comporte un descriptif ainsi que les modes d'application optimum pour pouvoir au mieux tirer parti de chaque qualité de la pierre en question. La rubrique « utilisation » vous indique à quel(s) chakra(s) correspond la pierre et vous donne la façon la plus judicieuse de l'utiliser selon un code simple :

AD = application directe sur l'endroit du corps indiqué, ou sur le chakra, s'il n'y a aucune indication spéciale.

ADH = application directe humide (soit pierre humectée de salive, soit pierre passée au-dessus de la vapeur).

E+chiffre = élixir obtenu en mettant la pierre dans un verre d'eau et en la mettant soit au soleil soit à la lune durant un *nombre de jours indiqué par le chiffre suivant le code « E ».*

C = compresse.

Rappel : après chaque utilisation, il est indispensable de recharger la pierre ainsi utilisée, de préférence en la plaçant sur un PURMIN, sur lequel on aura au préalable mis quelques gouttes d'huile essentielle d'encens oliban. C'est la façon la plus simple et la plus rapide pour énergétiser la pierre tant sur le plan physique par l'action des ondes de formes développées par les 12 pyramides et... le reste des moyens utilisés couverts par un brevet que sur le plan éthérique par l'action purificatrice de l'encens.

L'encens est un viaduc qui fait la liaison entre les trois règnes : minéral, végétal et animal.

On peut l'examiner sous différents angles. Expliquons tout d'abord comment on obtient de l'encens en grains : on pratique des scarifications sur certaines essences d'arbres, la sève sort en gouttelettes qui sèchent et durcissent au soleil. Puis, par grattage, on récolte cet encens en grains.

Passons à l'explication ésotérique de l'appartenance de l'encens aux différents règnes :

- ☐ L'encens est une résine et fait donc partie du végétal.
- ☐ La résine est faite majoritairement d'eau, exactement comme tous les animaux ce qui lui permet de faire la liaison avec le règne animal.
- ☐ Séché et durci au soleil, le grain d'encens devient dur comme de la pierre et fait ainsi le pont avec le règne minéral.

Par ailleurs on trouve dans l'encens et dans son utilisation les quatre éléments à savoir :

- ☐ La terre : l'encens en se consumant est transformé en cendres.
- ☐ Le feu : pour l'utiliser, il faut le consumer sur un charbon.
- ☐ L'eau : au moment où il se consume, il se liquéfie.
- ☐ L'air : c'est la fumée de l'encens que l'on utilise et qui est active.

AGATE

Généralités : Pierre de la variation, des nuages sous le soleil, de l'air, destinée à un type de travail ou à un organe. Chercher d'après les dessins dans la pierre, ce qui correspond (image d'un organe, d'un symbole, d'un paysage).

Influences sur le physique : Calmante, elle détend le corps qui se contracte et redonne une certaine flexibilité corporelle. Calme les piqûres d'insectes. Soulage la ceinture abdominale **ainsi qu'en cas de dysfonctionnement énergétique de la prostate** ou de l'estomac. ***Elle lutte aussi contre les vertiges et le manque d'équilibre.*** Très efficace en cas d'œil larmoyant. Son énergie aide à la désintoxication et son contact aide à combattre le somnambulisme.

Influences sur le mental : Chance, abondance. Contemplation intérieure. Flexibilité mentale. Peurs, phobies. Somnambulisme. Stabilité. Apaisante. Douceur. Imagination.

Utilisation

- chakra Racine
- chakra Solaire
- E 28, puis C. sur les yeux ou sur le front (si crises) ou à boire pendant les repas (estomac)
- ***AD sous le lobe de l'oreille***

AIGUE-MARINE

Généralités : Pierre de l'eau, de l'éther, de la lumière. Rafraîchissante pour la gorge comme une gorgée d'eau fraîche, pour les poumons comme une goulée d'air frais. Pierre de la clarté, de la vue, de l'ouïe.

Influences sur le physique : Elle combat les allergies et les irritations et enrouements de la gorge (notamment répétitifs) ainsi que les bourdonnements d'oreilles. Pierre très douce, elle est calmante pour les énergies du cœur. *Très efficace en liaison avec l'agate contre les douleurs de la nuque.* Ses vibrations sont **efficaces pour combattre l'enflure des mains et pour rétablir l'harmonisation des sécrétions glandulaires. Son action est plus particulièrement connue sur la sphère ORL (dents, mâchoire, nez, oreilles). Elle développe les organes de la perception et limite la sensibilité au temps.**

Influences sur le mental : Ouvre l'esprit, évite la confusion, remet de l'ordre dans la tête. Elle redonne du dynamisme dans la décontraction. C'est pourquoi elle développe la facilité de communication. Elle accroît les perceptions extrasensorielles et de clairvoyance et aide à prévoir. Excellente pour développer les talents artistiques. Elle permet de terminer les cycles commencés. Pierre de tendresse et d'humilité, elle combat l'esprit de domination, les excès dus à la colère et le stress quotidien. L'offrir est un gage de tendresse et d'amitié.

Utilisation

- 3e œil
- Gorge
- Cœur
- Solaire
- AD sur le chakra ou sous le lobe de l'oreille
- ***E12 C (Agate + Aigue-marine)***
- AD

AMBRE

Généralités : À la limite entre le végétal et le minéral, cette résine fossilisée depuis plus de 5 millions d'années apporte la chaleur du feu, la douceur de la résine, la vie et la force de la nature figées par le temps et prêtes à se manifester à tout instant, à chaque demande. Aide à soulager l'inflammation et la douleur. Arbre, sève, principe de vie, translucide pour voir au travers des événements.

Influences sur le physique : **Protection de la gorge, des voies respiratoires.** ***Lutte contre les inflammations de la bouche (gencives, aphtes…)*** **et contre les difficultés à respirer. Excellente pour se nettoyer la peau.**

Influences sur le mental : C'est une présence qui lutte contre le sentiment d'abandon. Permet de retrouver la chance, l'abondance en retrouvant sa confiance en soi. Très efficace contre les conflits émotionnels, elle permet de combattre les tendances suicidaires. En renforçant les motivations, elle évite les crises d'hystérie en retrouvant la spontanéité et l'équilibre entre le Yin et le Yang.

Utilisation

- **Gorge**
- **AD**
- **Cœur**
- **E12 C**
- À mettre directement sous la langue

AMÉTHYSTE

Utilisation

- 3e œil
- Migraines (AD)
- Cœur AD
- Solaire E10 C.
- Racine
- AD

Généralités : Profondeur de certaines mers, immensité du ciel au-delà de notre atmosphère terrestre, elle porte en elle une notion d'éternité débarrassée de toutes les contingences terrestres, nos pollutions aussi bien d'origine physique (intoxications diverses volontaires ou extérieures à nous) que mentale (racisme, haine des autres, domination, colère).

Influences sur le physique : **Son utilisation principale est la lutte contre tous types d'intoxication (alcool, tabac, drogues, médicaments...). Permet de combattre les maux de tête et calme les névralgies. Calmante, elle soulage les douleurs dues au stress et à l'énervement** (douleur gastriques, au foie, vésicule...). **En liaison avec l'Howlite, elle est remarquable pour contrer les œdèmes ainsi que les tissus adipeux et les amas de graisse disgracieux.**

Influences sur le mental : Aide à combattre les comportements répétitifs incontrôlés ainsi que l'alcoolisme et le tabagisme et toutes les formes de dépendances. Facilite la prise de conscience. Permet la concentration (difficultés scolaires), notamment pour les décisions à prendre. Ouvre l'esprit à une autre dimension, une autre compréhension, ce qui éloigne la folie, l'hystérie, la haine, les illusions, les hallucinations. Permet de retrouver l'humilité nécessaire aux bons jugements. Cette nouvelle ouverture d'esprit permet la méditation et facilite les raisonnements sains emprunts de sagesse. Lutte aussi efficacement contre le trac, les angoisses, les cauchemars. C'est pourquoi on l'utilise pour, d'une part, faciliter la créativité et, d'autre part, faciliter l'endormissement.

AMÉTRINE

Généralités : Ni améthyste ni citrine, elle est à la foi l'une et l'autre. Pierre de l'équilibre, de la position intermédiaire. Voir si elle est plus améthyste que citrine.

Pierre indispensable parce qu'elle additionne les qualités de l'améthyste et de la citrine (dans des proportions correspondant aux proportions des couleurs).

Plus spécialement on l'utilise pour développer le sens de l'humour, mais aussi la spiritualité et l'engagement spirituel.

Utilisation

- 3e œil

AD = application directe sur l'endroit du corps indiqué, ou sur le chakra, s'il n'y a aucune indication spéciale.

ADH = application directe humide (soit pierre humectée de salive, soit pierre passée au-dessus de la vapeur).

E+chiffre = élixir obtenu en mettant la pierre dans un verre d'eau et en la mettant soit au soleil soit à la lune durant un *nombre de jours indiqué par le chiffre suivant le code «E».*

C = compresse.

ARAGONITE

Généralités : Pierre de caractère fort, apporte du soutien. Donne l'impression que l'on peut s'appuyer sur elle. Pas étonnant que l'expérience la présente comme la pierre des os et des personnes âgées.

Influences sur le physique : **Encore plus que le corail blanc, c'est la pierre des os (fractures osseuses, problèmes de calcification, dents…) et notamment pour les personnes âgées (ostéoporose, mais aussi tremblements). Renforce le cuir chevelu.**

Influences sur le mental : Combat la timidité, facilite la flexibilité mentale tout en atténuant l'hypersensibilité et la nervosité. Par le centrage des chakras, elle redonne stabilité, force et confiance en soi.

Utilisation

- **Racine**
- **E4 (bains de bouche ou après le shampooing)**

AVENTURINE

Généralités : C'est un quartz vert. Ce vert évoque la jeunesse, mais avec une certaine maturité, le passage du vert du printemps au vert de l'été. Aide la peau à se débarrasser des problèmes de jeunesse (type acné) et à passer la crise d'adolescence au niveau caractère (quel que soit l'âge) : colère, irascibilité…

Influences sur le physique : **Combat les pellicules. Elle aide aux traitements de la peau tels que l'acné, certaines allergies et eczémas et elle facilite l'embellissement général de la peau.** Elle apaise les nerfs et facilite, pour les jeunes, le **développement intellectuel** et la **croissance physique.**

Influences sur le mental : Par sa douceur, elle développe le contrôle de soi et combat la colère. Elle procure enthousiasme et optimisme ce qui va développer une impression de chance et faciliter la création, le développement de nouveaux projets réalisables. Son contact combat donc la dépression et l'ennui, en permettant de régler les problèmes émotionnels.

Utilisation

- **3e œil**
- **AD**
- **Cœur**
- **E12 C**
- **Racine**
- E4 (rinçage)

AZURITE

Généralités : Cristaux d'un bleu profond comme la nuit. Ouverture de l'esprit vers les notions supérieures, les étoiles et leur insondable mystère, la notion de dieu. **Comme le rêve, elle permet de voyager en soi en introspection, ainsi que dans le temps comme dans l'espace. Attention : utiliser le schorl en ancrage.**

Influences sur le physique : Sa force peu commune est à utiliser en priorité pour réénergétiser l'ensemble des chakras et faciliter les convalescences de tous types.

Influences sur le mental : Sa puissance d'action est telle qu'elle facilite l'autoguérison. Elle libère des blocages en procurant une autonomie de pensée, une clarification des idées, une lucidité rare tout en développant l'esprit critique. C'est la pierre de la concentration et donc de la préparation aux examens tout en combattant l'étourderie. Dans le cadre d'un développement spirituel, elle la pierre même du voyage astral, à condition de l'associer au schorl ou tourmaline noire.

Utilisation

- **Coronal**
- **avec schorls sous les pieds AD**
- **3e œil**
- **AD**

CALCÉDOINE BLEUE

Généralités : Veinée de blanc, voire de brun. Douceur avec échappées créatrices et rattachement à la terre. Apaise le caractère, apporte clairvoyance vers l'entourage.

Influences sur le physique : **Pierre très féminine tout en douceur. Permet de lutter contre les effets du refroidissement : enrouements, irritations ou inflammations de la gorge.** Sa vibration énergétique facilite **l'allaitement, lutte contre les problèmes du sein, la ménopause et l'ostéoporose et permet de durcir les ongles. Elle agit également sur l'incontinence urinaire.**

Influences sur le mental : Sa douceur apporte la sérénité, facilite la sociabilité. Elle combat la mélancolie et facilite la communication, le dialogue. Très efficace contre le bégaiement. Elle aide à apprendre et à comprendre. En liaison avec l'azurite, elle agira en cas de difficultés scolaires. C'est la pierre de l'éloquence, de la diplomatie. À utiliser dans tous les cas de négociations délicates.

Utilisation

- Gorge AD
- Solaire
- AD + E10 C

CHRYSOLITE
(ou olivine ou péridot)

Généralités : Pierre puissante contenant la force du soleil. Irradie la lumière et la force. Absorbe l'énergie du sol, des autres pierres. Force nouvelle pour la peau, le cœur, la souplesse des tissus.

Influences sur le physique : Son énergie permet de nettoyer le corps tant au niveau des liquides vitaux que de l'appareil digestif. Aide à soulager les brûlures d'estomac et l'aérophagie, facilite le transit intestinal, combat les allergies et soutient la désintoxication. Force signifie aussi marche vers la guérison. Force nouvelle pour la peau, le cœur, la souplesse des tissus.

Influences sur le mental : Pierre de la gaieté, de l'ouverture aux autres, elle développe la communication, l'optimisme, l'équilibre et la créativité intellectuelle. Elle combat donc efficacement les angoisses, la colère, la dépression, la timidité, la frigidité. Par son optimisme, elle permet de bénéficier des opportunités, d'apprécier différemment les éléments d'un problème, mais aussi de démasquer les faux amis. C'est la pierre des nouveaux amis, des rencontres amoureuses, voire du coup de foudre. Pierre de purification physique, mais aussi mentale, elle facilite le développement de la sagesse, de la lucidité, la mise en état d'harmonie pour aller plus loin.

Utilisation

- Cœur
- AD + E12 à boire le matin à jeun
- Solaire
- utilisation seule (le péridot ne supporte pas le contact avec les autres pierres)
- AD + E10 C

CHRYSOPRASE

Généralités : Pierre vert tendre avec traces brunes, comme le feuillage du printemps qui forme une légère brume verte autour des branches brunes. Pierre du renouveau, d'un nouveau cycle de vie, d'un redémarrage. Pierre de la femme enceinte, de l'adolescent, du passage de l'homme mûr à l'automne de la vie, de la vieillesse.

Influences sur le physique : Son énergie de passage d'un cycle à l'autre aide en cas **d'arthrite, d'arthrose, de circulation sanguine et de variations de tension artérielle. Soutient le muscle du cœur, soulage les crampes et augmente par sa force les défenses immunitaires. Pierre typique de la femme enceinte et de la fécondité tant féminine que masculine. Procure une énergie salutaire en cas de problèmes aux organes génitaux tels que les ovaires, les trompes, les testicules ou même à la prostate. Soulage aussi certains problèmes de peau tels que le zona.**

Influences sur le mental : Ses vibrations protègent des tendances dominatrices de l'entourage, redonnent courage et renforcent la confiance en soi. Permet de surmonter les chagrins d'amour et de clarifier ses idées. Libère des complexes, gênes et tabous ainsi que des schémas de pensée. Redonne douceur et faculté d'adaptation. Remplace l'hystérie par l'humour et la répartie. Calme la nervosité et apprend la patience.

Utilisation

- **Cœur**
- **AD**
- **Racine**
- **AD sur la zone réflexe plante des pieds, la nuit**
- **Sacré AD le jour + E6 : 1/2 le matin à jeun, 1/2 C le soir**

CITRINE

Généralités : Pierre chaude, pierre du soleil. Même des améthystes chauffées (pour en faire des citrines), deviennent pour la lithothérapie de vraies citrines, à peine moins fortes que les citrines naturelles. Pierre énergétique par excellence, optimiste, elle développe force et intelligence. C'est l'EPO des minéraux. Dopant physique et mental, c'est la pierre des révisions d'examen, du bachotage.

Influences sur le physique : Dynamisme, force et optimisme, c'est la pierre de lutte contre la fatigue, les intoxications, les toxines du sang et **les fatigues de la ceinture abdominale (reins, foie, rate, pancréas).** Son énergie réharmonise les glandes et **renforce l'immunité tout en dégageant les poumons et facilitant la bonne respiration.** ***C'est l'E.P.O. du règne minéral y compris au niveau sexuel,*** en **stimulant l'imagination.**

Influences sur le mental : Sa force développe de façon surprenante l'optimisme, l'intelligence, la concentration, la compréhension et la créativité. Elle éloigne les angoisses. C'est la pierre indispensable en cas de difficultés scolaires et pour surmonter les échecs. Elle redonne dynamisme et opiniâtreté et facilite l'expression des sentiments en combattant l'introversion et les idées négatives. Intuition.

Utilisation

- **Racine**
- **E4 le matin**
- ***Sur zone réflexe de la plante des pieds, la nuit***
- **Sacré AD**
- **Solaire AD**
- **Cœur AD**

CORAIL BLANC

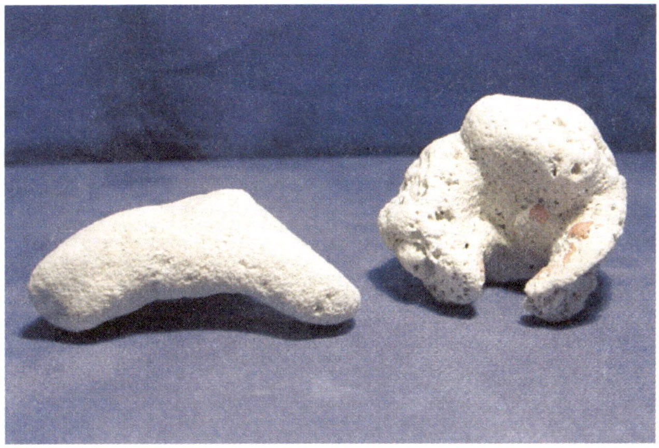

Généralités : Le corail rouge est protégé et ne doit pas être utilisé. Le corail blanc est comme le sable fin sous le soleil. Nourris par la mer et les éléments naturels, nous sommes issus du même élément. Il correspond à notre constitution même. C'est l'idéal, en liaison avec l'aragonite pour lutter contre tous les problèmes d'os.

Influences sur le physique : **Nourrit notre corps dans sa constitution osseuse et est une aide indispensable dans la lutte contre l'arthrose, l'artériosclérose et les maladies diverses pouvant affecter les os.** Il facilite l'assimilation des minéraux et redonne une bonne assise à la colonne vertébrale.

Influences sur le mental : Permet le rattachement à la terre mère dans ce qu'elle a de concret et d'amour de la nature et de l'équilibre général. Développe le sens du concret et une créativité pratique. Développement du pratique, de l'efficace, du vrai.

Utilisation

- Racine
- E4 le soir à jeun
- AD sur la zone réflexe de la plante des pieds

CORNALINE
(ou carnéole)

Généralités : Quartz orangé dans les tons allant du quasi rouge à l'orangé translucide. Une pierre qui va du chakra racine jusqu'au solaire en fonction des teintes. Pierre chaude. La plus puissante est la cornaline striée qui est très efficace pour renforcer les parois veineuses. Pierre solaire.

Utilisation

- **Racine pour l'homme AD plante des pieds**
- **Solaire pour la femme AD**
- **Solaire E10 le soir**
- ***Racine AD plante des pieds + E4 le matin***
- **Cœur AD**
- ***C sur base nez ou nuque***
- AD de la pierre sur les varices ou veines en massages doux vers le cœur

Influences sur le physique : Pierre solaire faite de joie et d'énergie qui lutte en priorité contre deux phénomènes souvent liés : **l'anémie et l'hypotension.** Les plus rouges sont destinées aux **problèmes de la ceinture abdominale** (douleurs, spasmes, etc.), y compris les ***problèmes de manque d'appétit sexuel et de fécondité.*** **Les plus claires, pour prévenir les problèmes de respiration.** La cornaline bien que rouge, absorbe l'énergie et son ***élixir en compresse fraîche agit sur les saignements de nez.*** Les vibrations de la variété striée ***renforcent les parois veineuses et sont efficaces en cas de varices.***

Influences sur le mental : Pierre de soleil qui donne force et concentration pour lutter contre tous les phénomènes de découragement ou de fuite de la réalité. La première force est de faire face avec courage et lucidité. Ces qualités procurent joie et bonne humeur et leur conséquence, la sociabilité et le développement du cercle d'amis.

CRISTAL DE ROCHE

Généralités : On lit de temps en temps que le cristal de roche peut tout en lithothérapie. Il remplacerait quasiment toutes les pierres. En fait, il n'en est rien. Le cristal de roche seul et non programmé n'a aucune influence thérapeutique particulière. Par contre, il multiplie les forces des autres pierres et, utilisé en liaison avec l'une d'entre elles, il multiplie largement l'effet de celle-ci (y compris l'émeraude et la chrysolite qui pourtant ne supportent quasiment pas les autres pierres).

Utilisation

- Tous les chakras

Influences sur le physique : L'énergie de la lumière blanche du cristal de roche permet de débloquer les chakras et les blocages physiques.

Influences sur le mental : les aiguilles de cristal, utilisées en respectant le sens énergétique du cristal, canalisent les énergies. On peut donc les orienter vers un ou plusieurs chakras, recréer un chemin d'énergie en transportant (par exemple) les vibrations d'une autre pierre vers un point donné. L'énergie du cristal de roche a une énorme influence sur le mental. Elle donne la patience d'apprendre. Elle purifie l'atmosphère clarifie les idées, augmente la capacité de compréhension (dans tous les sens du terme) et facilite ainsi la communication et le dialogue. Sur le coronal, l'aiguille de quartz, en fonction du sens utilisé, facilite le passage vers le cosmos ou permet à l'énergie cosmique d'entrer dans le corps et de le relier vers les autres sphères. Dans tous les cas, un bloc de cristal de roche permet la méditation dans une atmosphère dépouillée et pure.

ÉMERAUDE

Généralités : Alors que la chrysolite est du vert du printemps naissant et que l'aventurine évoque le passage du printemps à l'été, l'émeraude est du vert du début de l'été. C'est la pierre de la pleine force, de la fructification, de la maturité. C'est la pierre de toutes les réalisations, de tous les espoirs. L'émeraude, au contact avec les autres pierres, va donner sa force à celles-ci et donc perdre la sienne proportionnellement. C'est la pierre de la générosité, du don de soi, du développement de la vocation. Correctement et rapidement rechargée, c'est la pierre rêvée pour tous ceux qui donnent de soi.

Utilisation

- **Cœur**
- **AD**
- **E12 C ou ADH**
- **Solaire**
- **3e œil**
- **AD sur 3e œil**
- ***En AD sous la langue***
- *En ADH sur les yeux.*

Influences sur le physique : Pierre de la force de la maturité qui **développe l'action énergétique du chakra du cœur sur les bronches, les membres et la croissance, la peau, le cœur et le sang.** Pierre chaude sous influence du soleil, elle agit également en **stimulant le chakra solaire qui répercute cette action sur la sphère abdominale (l'estomac, l'appareil digestif, le foie, la rate, le pancréas, les reins et leurs problèmes).** Aide très souvent à **combattre les maux de tête, favorise la mémoire.** Sa force de la maturité aide à lutter contre le vieillissement prématuré et ses signes extérieurs tels que ***tremblements, fatigues chroniques, refroidissements répétés,*** *baisse de l'acuité visuelle.* **Élimine les verrues en application humide.**

Influences sur le mental : La force de l'été de l'émeraude renforce les liens amoureux. Elle peut même être considérée comme un aphrodisiaque efficace. Développement du don de soi, de la capacité de comprendre les autres et son entourage, c'est la pierre de ceux qui travaillent en groupe ou dirigent des groupes. C'est la pierre de la paix et de l'harmonie. Pierre de l'intuition et de l'éveil, c'est aussi une pierre initiatique qui permet d'accéder à d'autres connaissances tout en apportant une protection occulte qui va préserver lors de certaines recherches.

AD = application directe sur l'endroit du corps indiqué, ou sur le chakra, s'il n'y a aucune indication spéciale.

ADH = application directe humide (soit pierre humectée de salive, soit pierre passée au-dessus de la vapeur).

E+chiffre=élixir obtenu en mettant la pierre dans un verre d'eau et en la mettant soit au soleil soit à la lune durant un *nombre de jours indiqué par le chiffre suivant le code «E».*

C = compresse.

GRENAT PYROPE

Généralités : Appelé aussi escarboucle. C'est une pierre lunaire, mais de lune en fin d'été, éclairée dans le ciel par le soleil. C'est donc la pierre des situations contradictoires, voire conflictuelles. Pierre de crise morale, de période d'effondrement dans la vie, son soleil intérieur qui rayonne avec une force peu commune permet de puiser au fond de soi les ressources nécessaires au redressement. Pierre des temps de crise tant physique que morale, son utilisation doit être limitée dans le temps. Dès la sensation de réchauffement ou de radiation de chaleur, il faut la retirer. Son action se prolongera en profondeur. C'est l'une des pierres significatives du chakra racine, chakra de l'enracinement à la terre mère permettant d'y puiser et sa force et son amour total et désintéressé. Le grenat étant en général de petite taille, il devrait souvent être examiné à la loupe, éclairé par le soleil. Le fait de plonger en lui et de découvrir toute la richesse de ses couleurs intimes qui vont du rouge le plus lumineux au rouge violacé d'un vin capiteux, apporte pour celui qui pratique cet exercice régulièrement, une force, un optimisme et une certitude indestructibles. Son aspect lunaire ajouté à sa force solaire développera chez l'homme la douceur et l'intuition dites féminines, et chez la femme la force et l'esprit de décision et d'entreprise dits masculins. En fait, c'est une excellente pierre pour équilibrer le Yin et le Yang.

Utilisation

- Sacré
- E 4 : 1/2 en compresse le soir, 1/2 à boire le matin
- Cœur AD + E12 le matin
- Racine AD
- AD sous le lobe de l'oreille + base de la nuque

Influences sur le physique: Pierre typique du chakra racine, à déconseiller vivement à tous les hypertendus. Sa force appliquée au chakra de la base, permet d'**activer le flux des liquides du corps (sang, lymphe, mucosités, sperme...)** Les conséquences sont évidentes sur **l'hypotension, l'anémie, l'apathie et l'hypotonie,** mais aussi sur les **bourdonnements d'oreille.** Cet enracinement salutaire aidera aussi dans tous les problèmes liés à la **colonne vertébrale, les fractures des os,** les états de faiblesse générale.

Influences sur le mental: Pierre forte à interdire à tous les tempéraments violents et autoritaires. Elle aide à lutter efficacement contre les complexes, les gênes et les tabous, à se libérer des schémas de comportement, à trouver de nouvelles voies. Le grenat permet de trouver en soi la force et les ressources nécessaires pour changer de vie, redémarrer, reprendre l'initiative après des échecs ou une période de dépressions physiques ou morales et de surmonter les obstacles. Lutte victorieuse tant sur son impuissance physique que mentale en mettant en place des modes rationnels et logiques de pensée et d'action. Pierre de lune sous influence solaire, le grenat équilibre chez chacun les forces Yin et Yang.

AD = application directe sur l'endroit du corps indiqué, ou sur le chakra, s'il n'y a aucune indication spéciale.

ADH = application directe humide (soit pierre humectée de salive, soit pierre passée au-dessus de la vapeur).

E+chiffre=élixir obtenu en mettant la pierre dans un verre d'eau et en la mettant soit au soleil soit à la lune durant un *nombre de jours indiqué par le chiffre suivant le code «E».*

C = compresse.

HÉLIOTROPE

Généralités : Jaspe vert piqueté de rouge. La pierre qui évoque la fin de l'été, quand les feuilles sont encore vertes mais piquetées de rouille, juste avant le flamboiement de l'automne. La pierre de l'âge mur, de la protection générale du corps pour le prémunir aussi longtemps que possible des effets de la vieillesse et lui permettre de rentrer dans ce que l'on appelle le troisième âge, celui de la troisième réalisation de la vie (ou de la réalisation de la troisième vie ?), qui correspond au flamboiement resplendissant de l'automne. Ce n'est pas le moment de se laisser aller et de plier devant des inconforts minimes. C'est la pierre de la lutte victorieuse tant mentale que physique, dans le passage vers cette troisième époque.

Influences sur le physique : **Pierre de développement des défenses immunitaires non spécialisées. Ses vibrations forment un bouclier quasi intraversable** au niveau du corps énergétique. Pierre de régulation énergétique (progressive et en douceur) des **organes de la ceinture abdominale.** Elle permet aussi à ces organes de bien se purger. C'est la panacée des petits bobos. Elle est souvent utilisée pour développer le bouclier du corps énergétique des enfants. C'est la

Utilisation

- Cœur AD
- Solaire AD
- Racine AD

pierre idéale pour rassembler ses forces et ses énergies avant un effort important et de longue haleine. **En cas de blocage sexuel,** elle permet d'abord de se protéger contre de nouvelles causes de blocages, puis de ré-énergétiser.

Influences sur le mental : Pierre d'équilibre qui catalyse les énergies. Évite les périodes de baisse de moral, développe la mémoire des rêves et renforce leur caractère prémonitoire. Adoucit les peines de cœur en procurant une stabilité quasi curative. L'héliotrope permet de faire un bilan, une mise au point, un réglage de fond avant de laisser libre cours à toute sa puissance mentale recouvrée pour des réalisations à long terme ou une finalisation de ces réalisations.

AD = application directe sur l'endroit du corps indiqué, ou sur le chakra, s'il n'y a aucune indication spéciale.

ADH = application directe humide (soit pierre humectée de salive, soit pierre passée au-dessus de la vapeur).

E+chiffre=élixir obtenu en mettant la pierre dans un verre d'eau et en la mettant soit au soleil soit à la lune durant un *nombre de jours indiqué par le chiffre suivant le code «E».*

C = compresse.

HÉMATITE

Généralités : Pierre lourde, noire, brillante, qui reflète la lumière. Elle était utilisée par les Égyptiens (riches) comme miroir. Elle évoque la profondeur de la terre mère, avec son feu intérieur. D'aspect noir, son cœur est de feu. Noir et rouge, forcément chakra de la base. Pierre qui fait penser à la fois au sang (lorsqu'on scie l'hématite, l'eau utilisée en refroidissement devient rouge) et à la protection. Pierre de confiance, fortement réaliste, qui donne une base solide quasi indestructible. Avantage énorme sur toutes les autres pierres rouges : elle donne énergie et force tout en pouvant être utilisée à la fois par les hypertendus et les colériques.

Utilisation

- **Racine AD**
- **Cœur E12 C**
- **Gorge AD**
- ***E12 le matin au réveil***
- AD sous le lobe

Influences sur le physique : Pierre noire mais au cœur rouge, elle est la pierre de la force entourée d'un écran vibratoire naturel de protection Elle donne la force pour combattre ***l'anémie, l'apathie.*** Pierre du sang, donc de la circulation, des **hématomes, des varices et de la cicatrisation** des blessures physiques et mentales. Elle est tout particulièrement ***efficace en cas de bourdonnements d'oreilles.*** Sa force aide les convalescents, soulage les crampes tant par ses vibrations que par son toucher froid. Son action protectrice donne force et résistance. C'est une variété d'oxyde de fer et, en tant que telle, elle ***apporte plus de fer que les épinards de Popeye.*** Sa force calmante procure un sommeil calme et réparateur.

Influences sur le mental : Pierre de la force tranquille venant des entrailles de la terre, elle permet de clarifier ses idées, de développer des idées simples, pragmatiques. On se sent bien dans sa peau, libéré de son stress et de sa nervosité. Plus d'instabilité émotionnelle. Elle facilite la communication, le dialogue. Donne la notion d'éternité, enseigne la patience (surtout devant la provocation). Permet de se reconstruire en accordant une protection du mental. Permet de supporter la solitude dans la stabilité.

HOWLITE

Généralités : Pierre blanche, veinée de noir faisant penser à l'hiver. Pierre froide qui absorbe les énergies. Ses veines noires font penser à des canaux drainant qui canalisent l'eau suintant sous la neige. C'est pourquoi elle facilite le drainage et régularise les substances liquides et les graisses du corps. Sa froideur retend la peau et agit également sur les sautes d'humeur.

Influences sur le physique : Pierre drainante, très efficace sur les graisses stagnantes, à effet diurétique. C'est le soutien idéal en cas de régime amaigrissant. **Elle aide considérablement à désenfler les jambes. Sa froideur retend la peau en lui redonnant souplesse et élasticité.** Toutes ses qualités sont multipliées et sublimées par l'adjonction de quartz rose.

Influences sur le mental : Son énergie absorbante est salutaire aux colériques. Elle débarrasse aussi de toute tension nerveuse et du stress quotidien. Peut être utilisée pour diluer les trop fortes poussées des chakras racine et sacré. Pierre féminine par excellence, elle aide à contrecarrer les bouffées de chaleur dues à la ménopause et autres effets annexes. Comme ci-dessus, l'ajout d'un quartz rose démultiplie les effets tout en augmentant le caractère tendre et doux.

Utilisation

- Solaire
- AD +
- E10 C sur le pubis
- Cœur
- AD + E12 en C

HYACINTHE

Généralités : Pierre d'aspect bipyramidal aux reflets de feu violacé veiné de blanc. C'est la pierre du feu dans la cheminée, aux reflets changeants, semblant se nourrir de sa propre énergie. C'est l'énergie de la forge du dieu Vulcain. La destruction par le feu pour purifier le sol et le nettoyer de toutes ses pollutions et qui laisse des cendres qui servent d'engrais pour le renouveau.

Influences sur le physique : Pierre d'une force telle qu'il ne faut la porter qu'un jour sur deux ou une semaine sur deux. Son énergie permet d'abord le nettoyage en surface pour tous les problèmes de **maladies ou d'infections de la peau** et à tout âge. Elle est un *soutien de choix dans la lutte contre tous les cancers.* Le chakra à soutenir sera fonction du type de cancer. L'élimination des cellules posant problème semble se faire par le biais d'un drainage complet de la ceinture abdominale. (Dans ce sens, elle peut aussi venir en soutien de l'Howlite pour un effet rapide lors d'un régime.) ***Dopant pour la circulation sanguine du globe oculaire.*** **Puissant stimulant sexuel.**

Influences sur le mental : La force régénératrice du feu permet de se débarrasser des problèmes du passé, de faire table rase. Comme les cendres servent d'engrais après l'incendie, le courage né de cette purification mentale éloigne les angoisses, redonne créativité et espérance. Cette pierre très physique permet de s'appuyer sur ces bases solides pour reconstruire et redémarrer.

Utilisation

- *Chakras en fonction du type de cancer*
- *En AD + E28 le matin à jeun*
- ***Mettre au soleil, puis le soir, humidifier de salive, AD sur les yeux***
- ***Élixir matin et soir***
- **Cœur E12 en C**
- **Sacré : AD**

JADE

Utilisation

- Solaire en AD
- Racine AD ou E4 en C
- Cœur AD
- *AD*

Généralités : Pierre du vert rafraîchissant durant l'été brûlant. Pierre verte de l'eau du fond des gorges en pleine montagne. Elle est utilisée comme diurétique par les Chinois depuis des milliers d'années et sa réputation pour l'activité rénale et de tout l'appareil urinaire n'est plus à faire. Le jade est également rafraîchissant pour l'esprit. Enseigne le respect de la vie et de toute créature. Un adjoint utile pour la méditation sur le sens de la vie en général et de sa propre vie en particulier.

Influences sur le physique : Pierre de l'appareil urinaire et en particulier des reins. L'effet diurétique facilite le transit intestinal et combat les toxines ingérées, nettoie les organes et **débarrasse des toxines emmagasinées par l'effort physique dans les muscles. Soulage donc également les crampes.** Excellent moyen pour **contrer la fatigue chronique.** Son action peut ***soulager certaines migraines et combat le zona thoracique.***

Influences sur le mental : Pierre de l'amitié et de la compréhension des autres, elle calme les agressivités. Elle augmente la lucidité et l'intuition. Elle apporte joie et bonne humeur en purgeant l'esprit. Elle éveille l'amour et le respect de la vie et de sa vie propre. Dans ce cadre, elle recrée l'harmonie, inspire la fidélité et l'honnêteté. En combattant l'instabilité émotionnelle, elle éloigne les cauchemars en favorisant les rêves intensifs et surtout prémonitoires. Favorise la méditation fondamentale.

JASPE ROUGE

Généralités : Pierre du feu du soleil en plein été. Pierre de la joie apportant dynamisme et énergie constante. Pierre rouge sang, souvent veinée, qui apporte le sens des réalités pratiques avec un zest d'imagination. Suscite l'admiration.

Influences sur le physique : **Pierre dynamique et dynamisante notamment pour les fonctions sexuelles et hormonales tant masculines que féminines. Lutte efficacement contre les différentes fatigues corporelles,** y **compris celles du tube digestif.** Permet de combattre l'obésité, surtout en liaison avec l'Howlite. Soulage les problèmes de ***prostate pour les hommes ou liés au vagin pour les femmes.***

Influences sur le mental : C'est la pierre de l'action et de la convivialité, de la vivacité d'esprit. Elle développe l'élocution tout en maintenant un raisonnement pragmatique et « terrien ». C'est pourquoi c'est aussi la pierre de toutes les fonctions commerciales. On dit que c'est la pierre de l'argent et de la réussite sociale. Elle permet de vaincre les obstacles et augmente la longévité.

Utilisation

- Racine
- Cœur AD
- Solaire AD
- *2 pierres: 1 en AD (ou dans la poche), 1 pour E6 en C*

LABRADORITE

Utilisation

- **Gorge AD ou E16 en C et/ou gargarismes**
- **Cœur AD**
- **Solaire en AD + E10 en C sur le front (3e œil)**

Généralités : Pierre irisée à base de calcium et de sodium. Ses couleurs sont changeantes en fonction de la présence notamment de fer. La plus puissante est à chatoiements bleus. Pierre changeante, elle apporte à chacun ce qu'il y cherche. Elle s'adapte à celui qui la regarde en lui donnant ce dont il a besoin. Se laisser aller et s'imprégner de la pierre. Elle n'a jamais fini de se révéler. Ses possibilités sont infinies et se confier à elle permet de se recharger tant physiquement que mentalement. En communion avec elle, elle devient une protection particulièrement efficace pour toutes les professions ayant trait au domaine médical. Elle absorbe les peines et douleurs (tant physiques que psychiques) des autres pour protéger celui qui la porte. Elle répare l'aura et colmate ses brèches.

Influences sur le physique : Pierre douce comme le miel. **Elle protège la gorge, renforce la voix.** Pierre calmante qui évite **les sautes d'humeur et lutte avec bonheur contre l'hypertension.** Permet à ceux qui ont dépassé le **seuil de fatigue maximum, de récupérer rapidement.** C'est la pierre charmeuse, un peu caméléon. Elle favorise l'amitié et permet à ceux qui souffrent de solitude de se créer un cercle d'amis ou, au moins, de relations (à condition de la porter ostensiblement sur le chakra du cœur, sur les habits, pour que sa vue influence les autres).

Influences sur le mental : Plus on la regarde, plus on s'ouvre aux autres. L'onde d'amour et d'amitié que l'on développe autour de soi agit comme un aimant sur ceux qui ont besoin de nous. Elle augmente considérablement les dons de parapsychologie. Comme elle protège contre les problèmes des autres, elle permet d'accueillir les autres et d'être de bon conseil.

LAPIS-LAZULI

Utilisation

- Sacré : E6 en C
- Racine : E4 en C
- Gorge : ADF
- 3e œil : AD
- Solaire : AD
- *+ E10 en C sur les yeux, le soir*
- Coronal

Généralités : Pierre du bleu de la nuit sous les tropiques. En Égypte ancienne, pierre réservée exclusivement à l'usage de Pharaon. Réduite en poudre et mélangée à de la graisse, elle apportait à Pharaon cette vue perçante qui, d'après les traductions des hiéroglyphes, lui permettait de voir les ennemis avant tous les autres, mais aussi de voir ce que les autres ne voyaient pas : l'avenir. Pierre de la purification du corps et de l'esprit, elle donne une force mentale sans pareille facilitant l'autoguérison. C'est aussi la pierre utilisée pour faciliter le diagnostique.

Influences sur le physique : Pierre de purification des liquides corporels. Dopant pour les ongles et les cheveux (ralentit, voire stoppe leur chute), elle est très efficace sur la sphère ORL. Sur le 3e œil, elle évite les maux de tête et lutte contre les nausées et vomissements. Comme elle combat également la rétention d'eau, elle est souvent utilisée en cas de gonflement par exemple des jambes et en soutien d'un régime amaigrissant. *Depuis l'ancienne Égypte, elle est utilisée pour augmenter l'acuité visuelle et la vision nocturne.*

Influences sur le mental : Pierre du bonheur, de la sérénité et de la méditation. Elle augmente les capacités intellectuelles dans quasiment tous les domaines. Vivacité, faculté de déduction, esprit de répartie, ouverture d'esprit, créativité, expression des sentiments, des émotions, compréhension pour les autres, clairvoyance, accession à des notions initiatiques.

MAGNÉTITE

Généralités : Pierre de la terre mère et de son magnétisme fondamental. Pierre d'aspect lourd et compact, peu attrayante, elle est prête à donner sa force à qui en a besoin : du fer aux uns, du magnétisme aux autres, le sens des réalités concrètes à qui en a besoin. Antidouleur très puissant pour tous et dans tous les cas. Tout en ancrant profondément à la terre ceux qui ont tendance à trop intellectualiser, elle ne concentre pas cette énergie dans le chakra racine, mais la répartit sur les autres chakras.

Utilisation

- Sacré AD
- Racine AD

Influences sur le physique : **Son fer lutte contre l'anémie. Véritable dopant du chakra racine, la magnétite est favorable aux articulations et est fortement conseillée en cas d'arthrite ou d'arthrose. Ce chakra étant déterminant pour les muscles et le réseau veineux, la réaction sur les crampes, sur les ennuis de circulation et la pureté du sang se fait clairement sentir.** Antidouleur très puissant en application directe par rétablissement du courant magnétique. À utiliser de préférence avec une malachite, ce qui évite à celle-ci de trop souffrir. Se méfier des imitations : la magnétite n'est jamais brillante ni douce d'aspect.

Influences sur le mental : Rétablit l'équilibre entre les chakras de la base et les chakras supérieurs. Répare le corps énergétique et agit sur les fonctions sexuelles des chakras racine et sacré. Recharge en magnétisme les thérapeutes ayant trop donné. Rattache à la terre les utopistes et les rêveurs. Permet de se recentrer après s'être dispersé dans des études ésotériques éparses et de se retrouver tout en revenant au sens des réalités concrètes.

MALACHITE

Généralités : Pierre verte, veinée de noir, du vert du feuillage au fond de la forêt. Les pierres les plus fortes sont celles dont les veines semblent représenter un œil. L'Égypte ancienne l'utilisait déjà essentiellement pour deux applications : la taie sur l'œil et l'antidouleur par excellence. Elle absorbe la douleur comme l'eau est absorbée par une éponge sèche. Pierre sensible à votre douleur, elle se charge très rapidement et doit absolument être déchargée au plus vite. Si on lui en demande trop, elle noircit, devient terne et perd ses forces et ses capacités. Pierre tendre qui mérite d'être traitée en retour avec toute notre attention et notre tendresse.

Influences sur le physique : Pierre qui absorbe les inflammations et les douleurs des tendinites et des entorses. Son influence sur les reins a un effet diurétique par sa teneur élevée en cuivre. Efficace depuis près de 6000 ans pour un certain nombre d'affections des yeux.

Utilisation

- Tous les chakras de base
- AD ou E28 C

Influences sur le mental : Pierre à laquelle on se confie. Elle calme les peines, libère des angoisses et des blocages même anciens et soulage des effets des chocs émotionnels. Pierre des étourdis auxquels elle remet un peu de « plomb dans la tête ».

MOLDAVITE

Généralités : Pierre des guérisseurs en Europe de l'Est, elle nous arrive du ciel : c'est une météorite tombée en Moldavie, d'où son nom. Fréquence vibratoire très élevée, elle permet au guérisseur d'utiliser l'énergie de la pierre en lieu et place de la sienne. Pierre universelle qui ne peut pas se charger négativement. Sa couleur verte translucide permet, en étant examinée lors d'une méditation spécifique, de s'analyser au travers de cette transparence. Pierre de vérité sur soi.

Influences sur le physique : Source d'énergie permanente permet d'augmenter la résistance du corps éthérique et de renforcer ainsi les défenses naturelles du corps quasi à l'abri des affections et maladies.

Influences sur le mental : Agit sur tous les chakras. À éviter sur les chakras du 3e œil et coronal. Renforce la sensibilité réceptive des magnétiseurs radiesthésistes et guérisseurs.

Utilisation

- Tous les Chakras
- Prendre 1 pierre dans la main gauche, l'autre sur le chakra concerné en AD, main droite appuyant sur la pierre.

ŒIL DE FER

Généralités : Pierre tripartite : jaspe rouge, hématite, Œil de Tigre. Pierre méconnue qui regroupe les qualités de ses trois composantes. C'est une pierre très forte qui inspire confiance quand on sait la regarder. Pierre du courage et de la protection sous toutes ses formes, elle développe la résistance dans la durée. Protection ésotérique à utiliser lorsque les autres pierres ont déclaré forfait. Ne peut être utilisée que dans des intentions positives. Renforce le chakra racine tout en évitant une suractivité.

Influences sur le physique : Pierre des travailleurs de force tant physique qu'intellectuel, ses vibrations s'accordent tout particulièrement au **chakra racine.** Pierre de la **convalescence comme des gens faibles** atteints dans ***leur force vitale.*** Agit aussi sur le **chakra du cœur et renforce la résistance du muscle cardiaque.**

Influences sur le mental : Donne un moral d'acier. La première protection est de faciliter l'autoprotection du mental. Développe l'endurance devant les vicissitudes de la vie.

Utilisation

- Racine AD
- Solaire AD
- Cœur ADH
- ***Vin énergétique : mettre 1 pierre dans une casserole, couvrir avec du vin rouge, chauffer 28 mn à feu doux, laisser reposer et boire 1 c. à soupe par jour avant le repas de midi.***

ŒIL DE TAUREAU

Généralités: Pierre de Taureau et pierre de Tigre: énergétiquement froides. Elles sont de vrais miroirs qui agissent en tant que réflecteurs. Elle renvoient les ondes négatives vers celui ou celle qui les a émises, avec toutes les conséquences du retour (et notamment force démultipliée). Très utilisées pour contrer les effets des pratiques vaudou et de la magie noire (souvent en liaison avec une tourmaline noire).

Influences sur le physique: Voir Œil de Tigre, mais à utiliser de préférence par un homme.

Influences sur le mental: Voir Œil de Tigre, mais à utiliser de préférence par un homme.

Utilisation

- Voir chapitre **Protections** (p. 67)

ŒIL DE TIGRE

Utilisation
- À porter sur soi
- voir chapitre **Protections** (p. 67)

Généralités : Influences sur le physique et sur le mental : protection de la personne contre les intentions négatives. Peut être utilisé en liaison avec d'autres moyens de protection (voir chapitre **Pratiques de protections**, p. 67). Permet aussi le déblocage émotionnel, lutte contre la dépression (surtout en liaison avec une chrysolite).

AD = application directe sur l'endroit du corps indiqué, ou sur le chakra, s'il n'y a aucune indication spéciale.

ADH = application directe humide (soit pierre humectée de salive, soit pierre passée au-dessus de la vapeur).

E+chiffre = élixir obtenu en mettant la pierre dans un verre d'eau et en la mettant soit au soleil soit à la lune durant un *nombre de jours indiqué par le chiffre suivant le code «E».*

C = compresse.

ONYX NOIR

Généralités : Fausse pierre noire. Énergétiquement c'est une pierre intérieurement rouge. C'est donc la pierre idéale pour le chakra racine (noir et rouge). Pierre parfaite pour l'enracinement. Se méfier de l'onyx vendu en tables, assiettes ou cendriers : il s'agit là d'une variété de marbre veiné (noir, vert, marron) qui n'a rien à voir avec cet onyx dont nous parlons qui est une variété d'agate. Éviter de n'utiliser que de l'onyx noir, qui pourrait avoir un effet dépressif ou de tristesse lors d'une utilisation prolongée. C'est pourquoi nous recommandons son utilisation en liaison avec une pierre gaie.

Influences sur le physique : ***Bourdonnements d'oreille.*** Renforce les cheveux et le cuir chevelu ainsi que les ongles. *Stimulant pour les yeux.*

Influences sur le mental : Enracinement à la terre. Permet de facilement se concentrer en la manipulant. A sa place toute trouvée sur une table de travail, un bureau…

Utilisation

- Racine AD
- ***AD sous le lobe de l'oreille + sur la nuque***
- *E28 C sur les yeux*

PIERRE DE LUNE

Généralités : Pierre opalescente qui fait penser au printemps des cerisiers en fleur. Pierre tout en douceur, en reflets moirés, en nuances de blanc. Une pierre émouvante de tendresse. En la manipulant, on a l'impression que c'est la pierre d'équilibre entre le Yin et le Yang, entre les 3 chakras de la base et les 3 chakras supérieurs. C'est forcément la pierre du chakra solaire. En Inde, c'est la pierre des dieux et des déesses.

Influences sur le physique : Pierre féminine par excellence, elle aide à rétablir **un équilibre général chez la femme, et notamment hormonal. L'élixir permet de combattre les aigreurs d'estomac,** notamment en liaison avec l'Howlite. En stimulant la féminité, elle stimule aussi la libido de la femme.

Influences sur le mental : Pierre de la tendresse, de l'amour. Compréhension et douceur, elle aide ceux qui ont un caractère durci par les soucis et les chagrins. Pierre de l'intuition, elle stimule les rêves prémonitoires, et développe l'imagination et l'intuition.

Utilisation

- Sacré AD
- Solaire AD + E10

PIERRE DE SOLEIL

Généralités : Pierre de l'été flamboyant. Piquetée de lumière, elle explose de joie. Ce piquetage est fait de particules d'hématite. Elle réunit les qualités de l'hématite, de la cornaline et même de l'ambre.

Influences sur le physique : Pierre chaude qui réchauffe le cœur et le corps. **Elle redonne vigueur et tonus à l'abdomen tout en luttant contre les gonflements et ballonnements. Elle libère les blocages sexuels et redonne puissance et appétit sexuels tant pour les hommes que pour les femmes.**

Influences sur le mental : Éloigne la morosité et la tristesse et donne envie d'aller vers l'autre ce qui est la meilleure façon de se libérer de ses tabous et blocages. Elle est souvent utilisée en divination.

Utilisation

- Solaire
- AD + E10 C
- Racine AD + E4 le soir

PYRITE DE CHINE

Généralités : Son éclat fait penser aux reflets scintillants de la lune dans l'eau. C'est une pierre froide qui permet de garder la tête sur les épaules. Son énergie lunaire est créative avec un aspect matérialiste. On distingue une polarité mâle et une polarité femelle, en fonction de la cristallisation périphérique : la cristallisation en cubes très marqués indique la polarité mâle, et la cristallisation périphérique fine est le signe de la polarité féminine. Pour l'utiliser au mieux, un homme prendra une pierre mâle dans la main droite et une pierre femelle dans la main gauche. Pour une femme, ce sera l'inverse.

Influences sur le physique : Pierre des professions liées aux métaux et au feu, elle est connue pour éviter les brûlures et ***les soigner.*** **Apporte force et résistance.**

Influences sur le mental : C'est la pierre des créateurs et ingénieurs ayant trait au bâtiment, à la construction, aux plans, aux chiffres. Développe une imagination créative tout en restant pratique et pragmatique. En les tenant dans les mains, permet de se concentrer au maximum sur un problème à résoudre. En les plaçant sous les plantes de pieds, elles permettent à l'âme de s'élever lors de méditations intenses, tout en conservant un ancrage de sécurité.

Utilisation
- *AD sur une gaze*
- Cœur

QUARTZ ENFUMÉ

Généralités : Quartz de couleur variable allant du beige au brun très foncé. Plus la couleur sera forte, plus les effets seront forts. Il fait penser au ciel après le passage de l'orage : on se sent libéré de la charge d'électricité qui était dans l'air, on respire mieux, et cette odeur de terre qui vient du sol nous rappelle nos attaches telluriques.

Influences sur le physique : développement des sens tels que l'odorat, la vue, le toucher. On retrouve aussi les instincts primaires comme l'appétit, le sommeil, mais aussi la notion du temps qui passe et le recul nécessaire à la sérénité. Cela permet de lutter efficacement contre les intoxications, les habitudes néfastes. Cela comprend le tabagisme, l'alcool, mais aussi des habitudes ou déviations telles que l'anorexie, la boulimie, etc. Agit aussi pour raffermir les tissus tout en leur redonnant souplesse et vigueur.

Influences sur le mental : Redonne la notion d'attachement à la terre, mais tout en douceur. C'est la pierre de l'évolution tranquille. La notion de temps se retrouve, surtout pour les gens éternellement pressés. Il faut laisser le temps au temps. C'est le seul moyen de réussir des transformations profondes et fondamentales. Cette notion de temps, voire d'éternité, permet aussi d'apprécier les situations avec le recul nécessaire.

Utilisation

- Racine AD
- Gorge AD
- Cœur

QUARTZ ROSE

Généralités : Avec son aspect nuageux et moiré, le quartz rose fait penser à l'aube juste avant le lever du soleil. C'est le moment privilégié où le temps s'arrête pour que les derniers voiles de la nuit se fondent dans le rose du ciel. La nature étant un voile de douceur en attendant le lever du soleil. Tout est en suspend, tout est harmonie. Tout semble concourir à la réussite de l'apparition de l'astre de lumière, symbole de force et de vie.

Influences sur le physique : Le quartz rose crée l'harmonie et l'entente, lorsque plusieurs pierres sont à utiliser ensemble. Pierre d'harmonie, le quartz rose remet de ***l'ordre en douceur dans les organismes énergétiquement perturbés.*** Un quartz suffisamment important (au moins un 1/2 kilo) posé sur la table de nuit ou sur la commode permet de créer une atmosphère détendue et les conditions optimales à un endormissement favorable. En cas de nervosité ou d'anxiété importante, on peut le mettre sous l'oreiller ou sous le matelas (pour éviter d'avoir une masse dure sous la joue) ou en application directe sur la base de la nuque.

Utilisation
- ***ADH (salive) sur l'organe ou le chakra perturbé***

Influences sur le mental : Pierre d'amour et d'affection. C'est un compagnon dans les moments de solitude affective. Permet d'envisager l'avenir avec plus de calme et de sérénité. À utiliser dans toutes les professions médicales ou caritatives pour éviter de s'habituer à la misère et à la douleur des autres et garder une compassion vraie et une communication profonde avec son prochain. Offrir un quartz rose (travaillé ou non) est un signe de tendresse et d'amour, et amène à la réconciliation.

RHODOCHROSITE

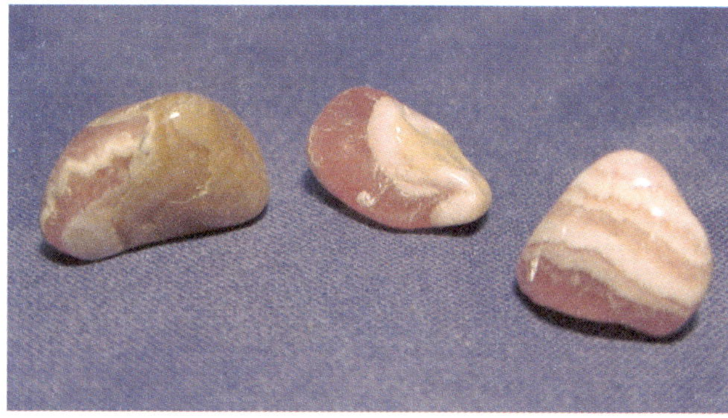

Généralités : Pierre plus « rose que rose ». Avec ses petites veines blanches, elle fait penser au ciel au début du couchant, rose soutenu traversé de fines lignes de nuages blancs, annonciateurs d'un temps idéal. C'est une pierre de purification des idées ainsi que des traces d'anciens blocages ou d'intoxications qui semblent passés, mais dont la rémanence est toujours à craindre. Une pierre parfaite pour la convalescence tant physique que spirituelle.

Influences sur le physique : **permet de nettoyer le corps après une désintoxication, des restes qui pourraient encore entraîner une rechute. Excellent soutien pour le cœur également. Une pierre idéale pour la fin d'une convalescence, agissant en douceur pour terminer harmonieusement une période difficile. La rhodochrosite permettrait aussi à certains malades atteints de troubles graves dus au Parkinson ou à la sclérose en plaque de retrouver une partie d'autonomie.**

Influences sur le mental : Comme pour le physique, la rhodochrosite nettoie le mental qui a été éprouvé durant longtemps par des agressions pénibles, voire par des idées morbides. Mais elle n'est à utiliser qu'en fin de parcours, pour parachever le travail fait par ailleurs.

Utilisation

- 3e œil ADH
- Cœur
- Solaire AD + E10
- Racine ADH sur le périnée

RUBELLITE
(tourmaline rose)

Généralités : Sa couleur rouge violacée fait penser à une cicatrice récente ou à la trace d'un coup reçu sur la peau. C'est pourquoi elle semble faite pour absorber les chocs de différente nature (physiques mais surtout émotionnels). Ce rouge tirant plus ou moins sur le violet correspond aussi au moment où le soleil va se coucher et teinte tout d'une couleur uniforme allant du rose au violet profond, avant de devenir la nuit. C'est le moment où l'on ne distingue plus bien ce qui est la terre et ce qui est le ciel. C'est l'expression populaire « entre chien et loup ». Cette période peut être vue comme un moment d'incertitude, mais également comme un parfait équilibre entre les éléments.

Influences sur le physique : **absorbe les effets des hématomes sur la peau. Comme la plupart des pierres rouges, elle donne l'énergie nécessaire pour lutter contre l'anémie.** ***Combat efficacement les vertiges physiques et le manque d'équilibre physique.*** **Pierre du passage d'un état à un autre, elle aide à supporter voire à soulager les troubles dus à la ménopause.** À ne pas utiliser par les colériques et les hypertendus.

Influences sur le mental : Absorbe les effets des chocs émotionnels (peines et problèmes amoureux, mais aussi deuil, angoisses…). Lutte contre le déséquilibre mental, le désespoir. Favorise l'expression des sentiments, des émotions. Apporte la gaieté dans le cercle familial.

Utilisation

- **Cœur AD + E12 C locale**
- **3e œil AD**
- ***AD sur l'arrière des oreilles***
- **Coronal AD**
- **Sacré : AD + E6 le soir**

RUBIS

Généralités : Pierre du feu incandescent du fer qui rougeoie dans le feu de la forge du dieu Vulcain, au fond de son volcan. La pierre de la puissance. Et de la force. À exclure totalement pour tous les colériques, les mégalomanes, les petits (ou grands) dictateurs.

Influences sur le physique : **tous les organes dépendant du chakra racine sont influencés très fortement par l'énergie dégagée par le rubis : os, squelette, dents, cheveux, mais aussi la température du corps et les organes génitaux. Par ailleurs la vibration du rubis peut être utilisée avec satisfaction en cas de mal de tête.** PIERRE INTERDITE AUX HYPERTENDUS EXCITÉS OU COLÉRIQUES. PIERRE À NE JAMAIS PORTER EN PERMANENCE (RISQUES DE LÉSIONS LOCALES).

Influences sur le mental : Pierre de l'amour physique de l'épanouissement sexuel, du courage, de l'engagement caritatif. Pierre redonnant un dynamisme à toute épreuve, qui permet aussi de lutter contre toutes les formes de dépendance. Le rubis permet de vaincre les obstacles, de développer l'ambition et la notion de pouvoir. Le rubis développe aussi les dons de télépathie.

Utilisation

- **Racine AD ou plante des pieds ou E4 C**
- **3e œil ADH**

SAPHIR

Généralités : Pierre méconnue en lithothérapie. Elle cumule les propriétés de l'aigue-marine et du lapis-lazuli. Tout dépend en fait de la nuance de sa couleur. Plus elle tire vers le bleu soutenu, plus elle se rapproche du lapis. Le saphir brut enferme la lumière qu'il reçoit (au contraire de la pierre taillée qui restitue la lumière reçue en la dynamisant: plus d'énergie rendue que reçue par la lumière). Le saphir est plus une pierre spirituelle et de communication surtout en application sur les deux chakras supérieurs. C'est la pierre de la fidélité. Une pierre offerte en gage de fidélité (surtout taillée) ne peut s'offrir à une tierce personne. En cas de rupture, il faut absolument la rendre à celui qui l'a offerte afin de ne pas rester sous son influence. Une fois rendue, la pierre n'a plus aucune efficacité en lithothérapie, mais reste une belle pierre très décorative qui mérite tout notre respect.

Influences sur le physique : agit par l'intermédiaire du chakra du 3e œil sur tous les sens et notamment **la vue (en plus doux que le lapis-lazuli) et sur l'ouïe** (rétablissement progressif du niveau d'énergie et donc amélioration sensible de cet organe). Le saphir est également d'une grande utilité pour **développer le sens du goût** ainsi que celui **du toucher** (surtout pour certaines professions ayant besoin d'un grand ressenti par

Utilisation

- **3e œil ADH** + le chakra spécifique au sens défectueux
- **(+ solaire AD + E10 C sur les yeux)**
- **(+ Gorge AD + AD sous le lobe)**
- **(+ Sacré AD)**
- **(+ Cœur** ADH et si besoin pour les mains, ajouter **Gorge AD**)

les mains et les doigts). Curieusement, il semble que le saphir agisse moins sur la qualité de l'odorat que sur les organes qui s'y rapportent directement ou indirectement (nez, sinus). **Le saphir en application humide sur le 3e œil est particulièrement efficace contre le mal de tête lancinant et... entêtant.**

Influences sur le mental : Pierre toute de douceur qui agira toujours progressivement sans rien brusquer. Améliore tous types de communication : facilite la parole et le contact avec les autres ainsi que la compréhension de l'autre. Combat la timidité, le bégaiement, les blocages de communication. C'est donc aussi la pierre qui facilite l'apprentissage et l'écoute des autres, sans quoi il ne peut y avoir de communication (c'est-à-dire d'échange) véritable. La communication amoureuse sous toutes ses formes fait partie des champs d'application du saphir. L'offrir est un gage de fidélité. Le saphir est aussi une des pierres destinées à la communication avec les forces cosmiques sur le coronal.

AD = application directe sur l'endroit du corps indiqué, ou sur le chakra, s'il n'y a aucune indication spéciale.

ADH = application directe humide (soit pierre humectée de salive, soit pierre passée au-dessus de la vapeur).

E+chiffre = élixir obtenu en mettant la pierre dans un verre d'eau et en la mettant soit au soleil soit à la lune durant un *nombre de jours indiqué par le chiffre suivant le code «E».*

C = compresse.

SARDOINE

Généralités : Sixième pierre de la Jérusalem céleste elle est de la couleur de la « matière refroidie ». Elle rappelle la couleur du fruit en fin de mûrissement, avant d'être trop mûr. Voilà pourquoi elle représente l'aboutissement, la phase finale d'un long travail. Pierre de la tradition mahométane qui la considère comme la pierre apportant toutes les bénédictions, mais aussi pierre de l'hermétisme chrétien qui parle de la sardoine comme de la pierre de la pureté, ainsi que la pierre des exorcistes qui l'utilisent notamment pour mesurer le degré de possession du patient (plus elle est brillante moins la possession est forte).

Influences sur le physique : Pierre à programmer pour une fonction précise (et de longue durée) et notamment pour ***lutter contre les adhérences,*** **pour combattre l'anorexie, soulager de douleurs diffuses, dépasser les problèmes de l'impuissance.**

Influences sur le mental : Se débarrasser de tous les types d'influence (drogues diverses, possessions, envoûtements...), mais en sachant que c'est une œuvre de longue haleine. Permet aussi la concentration nécessaire à la réalisation d'un travail à long terme.

Utilisation

- ***AD***
- **Gorge : ADH + E16 (1c. à café avant chaque repas)**
- **Cœur AD en dirigeant le rayon de guérison vers soi sur la zone en question**

SARDONYX

Généralités : Cinquième pierre de la Jérusalem céleste elle est de la « couleur de la terre ». Agate striée elle semble être la pierre représentant les strates primaires. Pierre sacrée utilisée pour absorber les énergies. À ce titre, elle est utilisée à la fois pour conférer de la puissance (en captant les énergies extérieures) et pour capter les surcroîts d'énergie du corps (énergies positives où négatives). À utiliser avec prudence par des personnes averties et qui savent ce qu'elles captent et comment capter.

Influences sur le physique : Pierre de contraste, elle sert à capter ***le trop plein d'énergie vibratoire d'un organe qui souffre.*** *A contrario*, on peut charger la sardonyx avec l'énergie solaire par exposition à ses rayons, et **utiliser cette énergie pour redynamiser un organe fatigué.**

Influences sur le mental : Pierre rassurante car on peut compter sur elle soit pour sa force y compris au niveau mental, soit pour ses qualités absorbantes des énergies négatives.

Utilisation

- AD
- **Cœur AD puis utiliser le rayon du cœur**
- *3e œil*

SEL
(lampes en sel)

La grande mode qui nous vient des pays de l'Est (notamment de la Pologne) via l'Allemagne : **les lampes en cristal de sel !**

On a beaucoup écrit mais surtout dit sur ces fameuses lampes. Elles auraient toutes les vertus ! Plus celui qui parle (ou écrit) est de tempérament commercial, plus elles ont de vertus. Que n'a-t-on pas dit sur elles ! Quelques exemples en vrac : ionisation négative de l'air, déstressantes, absorbant la négativité des ondes émises par les écrans, rééquilibrantes pour les ondes telluriques et cosmiques, protégeant des ondes électromagnétiques et même des entités ou esprits en goguette.

En fait, ces lampes (ou plutôt ces blocs de sel) sont utilisées depuis quelques générations, notamment en Pologne, tout simplement pour éclairer en demi-pénombre les chambres de bébés qui ont peur de la nuit. À l'origine, il s'agissait de blocs de sel (provenant des mines de sel à une profondeur de près de 800 m) que l'on évidait pour y mettre des petites bougies (l'électricité, même de nos jours, n'est pas encore un confort généralisé dans ces pays).

Constats

- ☐ 1er effet : le bébé non seulement s'endort plus facilement, mais dort surtout de façon plus régulière.
- ☐ 2e effet : les bébés, qui avaient des problèmes respiratoires, voyaient leurs crises s'espacer de plus en plus.

Explications avant étude approfondie

1) Bébé n'aime pas le noir dans lequel il n'a aucun repère et la lumière orangée a un caractère rassurant.
2) Bébé étant plus calme, les crises d'asthme s'espacent, étant souvent dues à l'anxiété.

Explications après études

1) La lumière orangée agit sur les chakras du cœur, solaire et sacré : effets calmants et déstressants.
2) Le sel gemme (à ne pas confondre avec le sel de mer) qui chauffe par l'action de la bougie émet des ions négatifs qui vont se coller sur les petits grains de poussière en suspension dans l'air, qui sont de charge électrique positive. Devenant électriquement neutres, ces grains de poussière tombent rapidement sur le sol, en purifiant ainsi l'air que bébé respire.

Attention : les bougies ont tendance à noircir l'intérieur de la lampe, c'est pourquoi il vaut mieux utiliser des ampoules électriques (15 watts).

Utilisations

Effet calmant et déstressant

Veiller à ce que la lampe soit à plus d'un mètre de la tête du dormeur (pour éviter les effets possibles du champ électrique même faible émis par l'ampoule de 15 watts).

Ne pas éteindre la lampe dans la chambre d'enfant lorsqu'il dort, pour que bébé retrouve en se réveillant la nuit, la même atmosphère rassurante dans laquelle il s'est endormi (et ne se retrouve pas plongé dans le noir sans repères). Plus la lampe est de couleur orangée, plus elle est déstressante.

Effet ionisant

Pour que la lampe puisse ioniser le volume d'air de la chambre, il faut du temps. Chaque fois que l'on éteint la lampe, elle cesse de chauffer et donc d'émettre des ions négatifs. Il est donc fortement recommandé de ne pas l'éteindre du tout, même dans la journée (consommation électrique très très faible du fait des 15 watts).

Attention: il faut compter 1 kg de lampe en sel pour 4 m^2 de surface au sol (en réalité 1 kg de sel pour 10 m^3 d'air ce qui revient au même, les chambres ayant environ 2,5 m de hauteur sous plafond). *Ex : une lampe de 3 kg pour une chambre de 12 m^2*. Il vaut mieux avoir dans une grande pièce, par exemple de 40 m^2, plusieurs points d'ionisation de taille plus petite qu'un seul point de grande taille *(dans notre exemple : plutôt trois lampes de 3 kg qu'une lampe de 10 kg).*

Effet absorbant sur les écrans de TV, PC et consoles de jeux

Pour être efficace, la lampe doit être placée aussi près que possible de l'écran duquel on veut se protéger, légèrement en avant par rapport à cet écran. Elle absorbe ainsi entre 50 et 60 % des ondes négatives émises. Une petite lampe de 2 à 3 kg suffit.

Attention: plus la lampe est blanche, plus elle absorbe d'ondes négatives. Une lampe presque blanche parvient ainsi à absorber jusqu'à 15 % d'ondes négatives de plus par rapport à une lampe orangée.

SODALITE

Généralités : La sodalite, souvent confondue avec le lapis, est une pierre méconnue ou plutôt mal connue. Son bleu aussi profond que celui du lapis est veiné de blanc, ce qui fait entrer la lumière. Pierre discrète, la sodalite agit plus en douceur que le lapis. L'amélioration de la vision intérieure sera plus progressive et amènera à plus de modestie. Elle permet de faire le point sur soi-même sans heurt, progressivement. C'est la pierre idéale pour tout travail préparatoire avant une initiation ou une méditation.

Utilisation

- Gorge AD
- *3e œil AD 15 mn puis cœur AD 12 mn*

Influences sur le physique : Pierre d'harmonie pour le chakra de la gorge qui commande toute la sphère ORL. Une spécificité à noter : son ***action calmante aide les hypertendus, mais surtout les hypernerveux et notamment ceux dont les tics sont gênants pour leur équilibre tant physique que psychique.***

Influences sur le mental : En application sur le 3e œil, elle permet de voir clair en soi, de faire un travail de prise de conscience. Une chance pour les personnes autoritaires à tendance mythomane, voire mégalomane : elles prendront conscience au fur et à mesure de la demande de leur entourage. La sodalite libère aussi des comportements répétitifs (souvent obsessionnels) tels que manies, tics... Elle rassure sur ses propres capacités et sa propre résistance tant physique que mentale. C'est la pierre idéale pour se préparer à utiliser l'azurite et profiter ainsi des possibilités uniques de celle-ci.

SUGILITE

Généralités : La sugilite est la pierre de l'amour, mais pas de l'amour-amitié ou harmonique (voir quartz rose). Il s'agit de l'amour le plus profond, le plus sincère. C'est l'amour total d'une mère pour ses enfants ou l'amour lié à une foi réelle et pure. La sugilite fut lancée par la vague *New Age* et promotionnée par quelques artistes en mal de publicité. C'est à la fois une bonne chose, car avant cela personne n'en parlait, et une chose regrettable, car elle ne mérite pas d'être maltraitée au point d'être rabaissée au niveau d'un gadget à la mode.

Son violet profond allant jusqu'au bleu rappelle celui de l'améthyste. Mais alors que celle-ci est toute en clarté et transparence, la sugilite est mate, ce qui rend sa couleur quasi insondable. C'est la pierre idéale à utiliser après la sodalite et avant l'azurite. Son action se développe le mieux en deux étapes :

- ☐ La première sur le 3e œil pour analyser jusqu'au plus profond de soi, les raisons des dysfonctionnements psychiques ou corporels. La plupart des maladies qui nous touchent (pour ne pas dire toutes) sont dues ou sont liées, à un dysfonctionnement énergétique

Utilisation

- Après le travail conseillé dans les « Généralités »
- 2 pierres en même temps : **l'une en AD sur le 3e œil**, **l'autre en AD sur le cœur** pour d'abord analyser la situation puis diriger le rayon du cœur là où il faut

interne, souvent lié au stress. Ne lit-on pas que les cancers ont comme point de départ un choc émotionnel puissant ou un stress déséquilibrant?

- ☐ Après quelques séances sur le 3e œil et après avoir cerné l'origine de notre mal, on peut passer à la 2e phase : le chakra du cœur. Et c'est là qu'intervient la puissance de la sugilite, pierre d'amour. Il faut faire passer en soi cet amour hors du commun et le canaliser vers le ou les points de dysfonctionnement.

Influences sur le physique : Seule pierre rouge (mais l'est-elle vraiment?) qui ne soit pas déconseillée aux hypertendus. C'est la pierre idéale de l'automédication. **Attention : en aucun cas elle ne remplace des médicaments et surtout un suivi médical !** Elle permet de faire un travail sur soi qui est indispensable à une guérison rapide (et souvent inexplicable).

Influences sur le mental : Pierre de mise au point sur soi, d'analyse du passé (même lointain). L'idéal, pour un travail en profondeur, c'est de l'utiliser après un travail sur soi avec la sodalite. Elle prépare parfaitement au travail de l'azurite. Utilisation vivement conseillée en radionique, en complément. Elle enverra un rayon d'amour qui servira de vecteur force complémentaire au dessin actif par exemple, tout empêchant à la fois une utilisation maléfique de cette émission de radionique et une utilisation néfaste du canal ainsi ouvert pour un envoi nocif en retour.

AD = application directe sur l'endroit du corps indiqué, ou sur le chakra, s'il n'y a aucune indication spéciale.

ADH = application directe humide (soit pierre humectée de salive, soit pierre passée au-dessus de la vapeur).

E+chiffre = élixir obtenu en mettant la pierre dans un verre d'eau et en la mettant soit au soleil soit à la lune durant un *nombre de jours indiqué par le chiffre suivant le code «E».*

C = compresse.

TECTITE

Généralités : Pierre « extraterrestre » dans la mesure où elle est une météorite. L'une des caractéristiques des météorites c'est d'avoir subi, au moment de l'entrée dans notre atmosphère, un échauffement sans pareil sur terre, qui fait s'évaporer toute trace d'eau (qu'il aurait pu éventuellement y avoir). Pierre cosmique, la tectite est réputée purifiée par cet échauffement exceptionnel, et libérée de toute influence. Elle est donc la pierre parfaite pour la programmation. Cette programmation (voir ce chapitre) se fait en général (d'après nos nombreuses constatations) plus sur un plan matériel (chance, argent, procès, amour…) que sur le plan spirituel ou physique pour se soulager de nos nombreux maux.

Influences sur le physique : Pierre des vœux, il en sera ce que vous en ferez…

Influences sur le mental : Communication. Contact avec les étoiles. Vœux.

Utilisation

- Après avoir programmé la tectite (voir chapitre concerné), il faut la porter sur soi en même temps qu'un quartz rose :
  - Tectite côté droit et quartz rose côté gauche pour les hommes
  - Tectite côté gauche et quartz rose côté droit pour les femmes
- **3ᵉ œil : ADH**
- **Cosmique : AD**

TOPAZE IMPÉRIALE

Généralités : Sa couleur peut aller du jaune doré au rose en passant par les nuances les plus chaudes. Pierre translucide, elle se nourrit de lumière et de soleil et dégage une joie de vivre et un optimisme quasi sans limites. Elle adore le soleil dont elle rend l'énergie après l'avoir adoucie. Cette énergie peut être utilisée sur toutes les parties du corps nécessitant un coup de fouet. On a notamment remarqué son effet bénéfique sur la baisse de l'acuité visuelle, grâce à une application sur les tempes.

Influences sur le physique : Redonne de l'énergie ***aux organes*** ou **membres fatigués** (en particulier les **yeux en cas de baisse de l'acuité visuelle**). *Son action est aussi salutaire sur la colonne vertébrale et sur les méridiens.* **Elle apporte une amélioration des réflexes de tous ordres.**

Influences sur le mental : Redonne la joie de vivre, l'optimisme. C'est pourquoi c'est une des pierres de l'amitié. C'est pourquoi elle est aussi consolatrice pour les peines de cœur. Par la gaieté qu'elle apporte, elle facilite les contacts et élargit le cercle des amis et des relations. Pierre très utile à ceux dont la profession est liée à de nombreux contacts (type relations publiques, politique, etc.).

Utilisation

- ***ADH sur le chakra concerné***
- **Gorge AD**
- **Solaire : ADH sur les tempes + E10 en C**
- *AD*
- **3e œil ADH**

TOURMALINE NOIRE
(schorl)

Généralités : C'est la pierre de protection idéale contre les ondes électromagnétiques. Le test en kynésiologie sur un téléphone portable est flagrant. Le bras étendu, sans portable sur soi, il résiste à une pression vers le bas. Le portable dans la poche ou mieux encore dans la main (du bras non tendu), le bras tendu ne résiste pratiquement pas à la pression vers le bas. On rajoute une petite tourmaline noire dans la main qui tient le portable, et le bras résiste comme si le portable était enlevé. Pierre noire par excellence, le schorl permet l'enracinement et évite de perdre le contact avec les réalités de la terre mère. C'est une des pierres qui ne peut pas se charger négativement (contrairement aux autres tourmalines vertes, roses...). Pierre indispensable aux géobiologues et radiesthésistes qui ne veulent pas être « déchargés » par les travaux qu'ils sont amenés à faire.

Influences sur le physique : Pierre de protection contre les pollutions dues aux ondes électromagnétiques et à l'électricité statique.

Influences sur le mental : Pierre indispensable à ceux qui perdent pied avec la réalité. Pierre d'ancrage à la terre par **le biais du chakra racine.** Ne pas envisager de méditation sans porter une tourmaline qui ***permet à celui ou celle qui entre en méditation de ne pas perdre le sens du concret, de sa réalité physique.*** Pour cela, appliquer une tourmaline noire sur chaque plante des pieds.

Utilisation

À porter sur soi, mais aussi à poser sur le disjoncteur électrique de la maison ou de l'appartement, ou sur le dessus ou l'arrière des appareils électriques tels que les PC, les téléviseurs, les consoles de jeux, les fours à micro-ondes et, bien sûr, les téléphones portables, sans oublier les divers mécanismes électriques que le progrès a installé sous nos lits pour notre confort, mais qui nous empêchent bien souvent d'avoir un sommeil de qualité.

En cas d'expérience de sortie de soi, coller de la tourmaline sur les deux plantes de pieds pour être sûr de retrouver le chemin du retour et de rester ancré.

TURQUOISE

Généralités : Sa couleur bleu-vert ou vert bleuté fait penser à l'eau des gorges profondes ou canyons. Elle évoque à la fois la pureté et la transparence sans fin jusqu'à l'insondable. Elle fait irrésistiblement penser à l'insondable vérité. Sa pureté va agir sur nos liquides internes. Les Égyptiens l'utilisaient, tout comme les Mayas ou les Tibétains, comme une pierre magique. Ils en offraient même à leurs animaux de compagnie, surtout quand ceux-ci avaient un comportement trop agressif. Elle est apte à absorber nos propres pensées négatives (et donc à en protéger les autres), ce qui nous permet de nous en libérer. La turquoise doit finir par faire partie de vous-même. Elle doit vivre dans votre intimité comme vous devez pénétrer totalement dans son monde. Cette symbiose se traduira par un bouclier protecteur qui fera pour ainsi dire le tri des influences qui parviendront jusqu'à vous pour ne laisser passer que ce qui est bon pour vous (même si vous ne le comprenez pas tout de suite). Une pierre qui vit (et meurt) avec celui qui la porte et la manipule régulièrement. La turquoise est à recharger très régulièrement pour éviter qu'elle ne noircisse et ne meure.

Utilisation

- **Sacré : AD + E6 C**
- ***E4 C***

Influences sur le physique : Purification des liquides internes (aide précieuse pour arriver à réguler le cholestérol, les triglycérides), mais aussi soulagement rapide de petites douleurs lancinantes dues à des ***problèmes de tendons, de crampes, d'articulations,*** etc.

Influences sur le mental : Être en symbiose avec la turquoise amène à renforcer les liens d'amitié, l'affection des siens. Offrir une turquoise est un signe de grande amitié. Son contact quasi permanent va faciliter la communication, l'élocution, en calmant le stress, ainsi que le bégaiement (ce qui fait dire que c'est la pierre de l'éloquence). S'imprégner d'elle ouvre le chemin de la Vérité et permet d'avancer dans ce sens.

CONCLUSION

La lithothérapie n'est pas une simple technique ou la simple mise en œuvre d'une connaissance acquise soit par les livres, soit par la pratique, soit par les deux. Pour être efficace dans ce domaine, il faut avant tout être ouvert à d'autres types de ressenti, à d'autres types d'énergie que ceux ou celles que l'on peut facilement cataloguer en se basant sur les connaissances techniques actuelles.

Le grand problème vient en fait de ce que ce ressenti a de subtil. Sans la béquille de la technique qui permet de mesurer et donc de prouver, on vit dans la crainte perpétuelle de se laisser berner par ses propres illusions.

Certains, me direz-vous, n'ont pas ce type de problème et après avoir « ingurgité » deux ou trois (voire exceptionnellement quatre livres) se disent experts et pontifient du haut de leurs non-connaissances.

Laissons-les à leurs certitudes, en souhaitant surtout qu'ils ne fassent pas de dégâts aux autres, moins au physique qu'au psychique. Il est vrai que la mauvaise utilisation des minéraux en lithothérapie se solde en général, dans le pire des cas, par une grande déception. En fait le vrai danger est ailleurs : celui qui utilise (ou prétend utiliser) ces techniques et ces savoirs millénaires est en général nimbé d'une sorte d'auréole, qui influence très fortement les personnes qui viennent le contacter en toute confiance. C'est là que réside le risque principal de l'exploitation d'un dominé par un dominant.

Le travail avec les minéraux, leur contact réel avec une ouverture maximale de notre sensibilité, font que chaque avancée dans leur connaissance n'est en fait que l'ouverture d'une porte qui donne accès à un nouveau couloir tapissé de... nouvelles portes à explorer.

C'est ainsi que l'utilisation de la numérologie liée aux chakras m'a amené à une utilisation encore plus fine et plus diversifiée de ces minéraux : utiliser la symbolique attachée au chiffre, par exemple, en s'aidant de la lettre de l'alphabet hébraïque qui correspond à ce chiffre.

Mais ce sera l'objet d'un autre ouvrage car l'étude de ces correspondances est un nouveau domaine particulièrement vaste.

Mon dernier conseil reste identique à mon premier conseil (voir **Préambule**) :

> **Les deux clefs qui vous permettront d'entrer dans le monde fabuleux des minéraux et d'y progresser s'appellent : *ressenti sans* a priori *et modestie.***

BIBLIOGRAPHIE

Dr. Jean-Marie Paffenhoff et Pierre Mentez	*ABC des pierres énergétiques*, ÉD. GRANCHER
Reynald Boschiero	*Nouveau dictionnaire des pierres utilisées en lithothérapie*, ÉD. VIVEZ SOLEIL
Charles Raphaël Payeur	*Pierres et initiations*, ÉD. MONTORGUEIL
Tosca Tetteroo	*Pierres et cristaux*, ÉD. DU GANGE
Katrina Raphaell	*Les pouvoirs secrets des cristaux*, ÉD. ALBIN MICHEL
Michael Gienger	*Les Pierres aqui guérissent selon Hildegarrde de Bingen*, ÉD. GUY TREDANIEL
J.M. Garnier	*Propriétés énergétiques des pierres et cristaux*, ÉD. A.C.V.
Ulma Silbey	*Cristaux et développement personnel*, ÉD. LE SOUFFLE D'OR
Ra. Bonewitz	*Cristal de Vie*, ÉD. LE SOUFFLE D'OR
Le chaman indien Luc Bourgault	*Le Cristal en thérapie*, ÉD. GUY SAINT-JEAN

• Les succès de la magnétothérapie

Jean-François Olivier & Marianne Lacroix

Apaiser vos troubles et vos douleurs

Le magnétisme est au cœur de la vie ! Bien que nous ne sachions pas le percevoir avec nos cinq sens, il conditionne notre existence et celle de toute vie, animale ou végétale.
L'utilisation de ces rayonnements électromagnétiques, au travers d'aimants, nous remet en phase avec l'Univers et nous permet de rééquilibrer nos métabolismes. Ceci n'est plus une supposition, et encore moins une superstition, mais une réalité scientifique démontrée, avec un champ d'application très large.

176 pages • 17 € / 29 FS

Achevé d'imprimer par Corlet, Imprimeur, S.A. - 14110 Condé-sur-Noireau
N° d'Imprimeur : 73395 - Dépôt légal : septembre 2003 - *Imprimé en France*